Iris-Margarethe Rall-Lorenz
Grieshaber und seine Frauen

Iris-Margarethe Rall-Lorenz

Grieshaber und seine Frauen

Zeitzeugen berichten

Oertel + Spörer

Titelbild und S.2: HAP Grieshaber erholt sich gerade bei einer kleinen Werkstatt-Pause.
Foto: Privatbesitz Ricca Grieshaber

Haftungsausschluss
Alles wurde sorgfältig und nach bestem Wissen und Gewissen recherchiert, zitiert und aufgeführt, besonders im Zusammenhang mit Zitaten und der Bibliographie.
Für Fehler übernehmen weder die Autorin noch der Verlag und seine Beschäftigten eine Haftung.

Bibliografische Information der Deutschen Nationalbibliothek
Die Deutsche Nationalbibliothek verzeichnet diese Publikation in der Deutschen Nationalbibliografie; detaillierte bibliografische Daten sind im Internet über http://dnb.d-nb.de abrufbar.

© Oertel+Spörer Verlags-GmbH+Co. KG · 2006
Postfach 16 42 · 72706 Reutlingen
Alle Rechte vorbehalten
Lektorat: Petra Wägenbaur, Tübingen
Schrift: 10/13 p Tahoma
DTP und Repro: Raff digital GmbH, Riederich
Druck und Bindung: Oertel+Spörer Druck und Medien-GmbH+Co., Riederich
Printed in Germany
ISBN-10: 3-88627-295-8
ISBN-13: 978-3-88627-295-2

Inhalt

Vorwort	7
Grieshaber und seine Frauen – die Tradition	9
Marguerite Ammann	15
Lena Krieg	27
Riccarda Gregor-Grieshaber	41
Margarete Hannsmann	55
Jutta Lüttke	69
Nani – die adoptierte Tochter mit dem „Löwenherzen"	81
Ricca – Grieshabers erstes Kind	93
Bibliographie	103
Kurzporträt der Autorin	109

Vorwort

„Im Augenblick der Gefahr", lautet der Titel meiner im Jahr 2000 erschienenen Monografie über HAP Grieshaber, die den politischen Holzschneider in seiner intellektuellen und künstlerischen Gesamtheit darzustellen versucht. Ausgestattet mit dem Instrument wissenschaftlich akribischer Methodik, beleuchtet dieses Buch spezielle Seiten und bietet aus kunsthistorischer Sicht einen Überblick über das Werk und seinen Macher. Diese Publikation war an ein sehr spezifisches Publikum adressiert und erreichte mit ihrer Zielvorgabe auch ihre Leser.
Umso mehr ist es nun an der Zeit, ein Buch herauszugeben, das – im Sinne einer bewusst vorgenommenen Schwarz-Weiß-Malerei – eine ganz andere Seite beleuchtet: den Menschen HAP Grieshaber in der Konstellation zu seinen Frauen, die an seiner Seite oder in seinem Umfeld gelebt haben. Dieses Buch richtet sich auch an diejenigen, die sich mit dem Thema „der Künstler HAP Grieshaber" auf einem anderen Wege anfreunden wollen: Vielleicht bekommen sie von einer emotionalen Seite her Zugang zu ihm und seinem Werk.
Die Idee zu diesem Buch fußt auf meiner fünfteiligen Serie „Grieshaber und seine Frauen", die im Reutlinger General-Anzeiger zwischen 2003 und 2004 veröffentlicht wurde. Gerade die große Resonanz und die Neugierde vieler Leser, mehr über des Holzschneiders Musen in Erfahrung zu bringen, waren mir Ansporn, das Thema zu vertiefen. Mit der genannten Artikelserie wurde nur eine winzige Spur gelegt; mit dem Buch soll gezeigt werden, wo sie möglicherweise hinführt.
Im Sinne eines Experiments hege ich daher bewusst nicht den Anspruch auf Vollständigkeit und Wissenschaftlichkeit, sondern stelle absichtlich Thesen in den Raum. Natürlich hat es wohl noch viele Musen in Grieshabers Leben gegeben. Hier ist es wie bei einem Bild, das nur gut ist, wenn es niemals „fertig" ist.
Ich danke an dieser Stelle meinem Mann Michael, meinen Kindern Maximilian und Leopold und im Besonderen der Familie Gabriele und Valdo Lehari – ohne die dieses Buch niemals so schön geworden wäre. Sie haben mich alle auf meinem Weg begleitet und den Nährboden bereitet, auf dem dieses Werk wachsen konnte. Auch

Vorwort

Herrn Thomas Leon Heck, der mich bestärkte, das Thema „Grieshabers Frauen" nicht ruhen zu lassen, sei ein herzliches Dankeschön ausgesprochen.

Die Töchter Grieshabers – Ricca Grieshaber aus Reutlingen und Nani Croze-Grieshaber aus Nairobi/Kenia – standen mir fachlich und freundschaftlich zur Seite.

Besonders bedanken möchte ich mich bei Frau Petra Wägenbaur für das umsichtige und einfühlsame Lektorat.

Auch Herrn Michael Eyckeler und Herrn Martin Fuchs vom Verlag Oertel+Spörer sowie dem Grieshaberfreund Fritz Luz gilt mein herzlicher Dank. Und natürlich sollen in meinen Dank die vielen fleißigen Helfer mit einbezogen werden, die mich mit wichtigen Materialien, Zeitzeugenberichten und anderen Quellen versorgten.

Es wurden bewusst keine Holzschnitte Grieshabers in dieses Werk aufgenommen, da der Mensch Grieshaber und seine Frauen um ihn herum im Mittelpunkt dieses Buches stehen sollen.

Die Werkverzeichnisse von Margot Fürst geben einen umfassenden Überblick über das Gesamtwerk Grieshabers und sind in der Bibliographie genannt.

Reutlingen, im Herbst 2006　　　　　Iris-Margarethe Rall-Lorenz

Grieshaber und seine Frauen – die Tradition

Der Künstler und seine Muse

Dante und Beatrice, James Joyce und Martha Fleischmann, Jackson Pollock und Peggy Guggenheim, Dali und Gala: Sie zeigen sich uns als unsterbliche Sinnbilder erotischer Phantasien, geronnener Augenblick einer Begegnung, einer Beziehung zwischen Mann und Frau. Sie erscheinen überhöht, weil der Stift des Dichters, der Pinsel des Malers, der Meißel des Bildhauers oder das Messer des Holzschneiders emotionalisiert etwas festhält, was sonst nur zwei Menschen miteinander verbindet:
Auf der einen Seite die Frau und Muse, auf der anderen Seite der Künstler – ein uraltes und doch stets lebendig gehaltenes Bild. Drei berühmte Beispiele aus der Kunstgeschichte sollen hier stellvertretend für die vielen Künstler-Musen-Konstellationen vorgestellt werden.

Picasso – „auf Liebe und Tod"

Picasso kann wohl als das berühmteste Beispiel genannt werden. Sieben Jahre lebte er mit seiner ersten Geliebten Fernande Olivier im Pariser „Bateau Lavoir" zusammen, damals noch in ärmlichen Verhältnissen.
Ihr folgte die russische Adelige Olga Khoklova, Balletttänzerin in der Truppe Diaghilev. 1917 heirateten beide und 1921 wurde Sohn Paolo geboren.
Die exaltierte Künstlerin gab für Picasso ihren Beruf auf und wurde in dieser Beziehung immer unglücklicher. 1935 folgte die Trennung, und 20 Jahre später starb Khoklova völlig verbittert.
Schon während seiner Ehe unterhielt Picasso eine Affäre mit der siebzehnjährigen Marie-Therese Walther, von deren Jugend und Unbekümmertheit er fasziniert war. Sie gebar ihm Tochter Maya.
Der das klassische Bild des stolzen und selbstbewussten Spaniers symbolisierende Picasso traf dann auf eine Frau, die ihn auch intellektuell inspirierte: Dora Maar.

Die Fotografin begleitete die Entstehung von Picassos weltberühmtem Antikriegsbild „Guernica". Aber auch sie wird irgendwann Opfer seines erlöschenden Feuers, seines siechenden Gefühlsverlustes.

Schön sind sie alle, die Frauen an Picassos Seite, auch Françoise Gilot, selbst Künstlerin, die neun Jahre mit dem Maler verbrachte und ihm die Kinder Claude und Paloma schenkte.

Sie war die einzige Muse, die sich von Picasso trennte, nicht umgekehrt. Weltberühmt ist das Foto, auf dem Picasso – das Bild eines liebestrunkenen, dienenden und sich auf humoreske Art erniedrigenden Mannes assoziierend – ihr am Strand mit einem großen Sonnenschirm hinterherläuft. Der Macho als Schoßhund. Ein trügerischer Schein.

Und da ist auch noch eine gewisse Geneviève Laporte, eine junge konterrevolutionäre Gymnasiastin, die sich kurz vor Kriegsende gegen den „Bildersturm" auf Picassos Werke einsetzt.

Am Ende seines Lebens heiratet der Spanier dann noch einmal: Jacqueline Roque. Ihretwegen bricht er den Kontakt zu seinen Kindern ab. Nach Picassos Tod beging sie Selbstmord.

So vergänglich wie die Liebe Picassos zu seinen Frauen auch war, so unvergänglich sind ihre sichtbaren Rollen als zärtliche, heitere, theatralische Akteurinnen in seinen Bildern, die zum Besten zählen, was die Kunst des 20. Jahrhunderts hervorgebracht hat.

Noch heute beschäftigen sich nicht nur Kunsthistoriker mit der Frage, inwieweit die Frauen Picassos sein Werk beeinflussten, waren doch neben Künstlerinnen auch Dichterinnen unter den Auserwählten.

Rodin – Ruhm und Hass

Bei dem Bildhauerpaar Auguste Rodin und Camille Claudel geht die Kunstgeschichtswissenschaft davon aus, dass die Muse die künstlerischen Niederschriften Rodins in Stein und Bronze maßgeblich beeinflusste, sie vielleicht sogar besser war als er, und zahlreiche Werke ungerechterweise Rodin zugeschrieben wurden, jedoch von Camille stammten. Erfolg und nachhaltige Wirkung kamen Rodin zu, den Namen Claudel sucht man in bekannten Lexika vergeblich. Der Filmemacher Bruno Nuytten unternahm in neuerer Zeit mit einem

Film über Camille den Versuch, die Künstlerin und ihr Werk stärker ins Rampenlicht zu stellen, und eröffnete damit zumindest den Ansatz zu einer Neubeurteilung ihres Wirkens.
Camille Claudels Geschichte ist tragisch und viele Legenden ranken sich um das französische Paar, deren emotionsgeladene Beziehung bis heute die Gemüter erregt.
In einer Zeit, in der nur ganz wenige Frauen studieren dürfen, entscheidet sich die 1856 in Fèreen-Tardois geborene Camille schon bald für eine Ausbildung zur Bildhauerin und damit für einen dornenreichen Weg.
Sie geht nach Paris und trifft dort auf ihren Lehrer und späteren Liebhaber Rodin.
Schnell wird ihr Talent nicht nur ihm bewusst. 1887 tritt sie im „Salon des artistes français" auf, wird mit Auszeichnungen geehrt und gilt zu dieser Zeit neben Rodin als hoffnungsvolle Künstlerin auf ihrem Gebiet und in ihrem Land.
Die Werke beider Künstler tragen unübersehbar Züge einer ähnlichen Handschrift: das Arbeiten in Gruppen, die klassische Modellierkunst, die ästhetische Aufbereitung der Oberfläche, die ausgewogene und harmonische Form, die nachspürbare Volumenhaftigkeit der Plastiken.
Einfache Menschen werden zu Motiven, unmittelbar und lebendig festgehalten. „Les Causeuses" oder „Les Baigneuses" – Claudel meißelt Frauen aus dem Volk in den Stein, erhöht das Alltägliche zum Kunstwerk.
Rodins „Bürger von Calais" gehen durch die Authentizität der Gesten in die Kunstgeschichte ein.
Camille Claudel und Auguste Rodin stehen für eine Beziehung, die geprägt ist von Liebe und Hass. 1883 lernen sich beide kennen, Rodin ist 16 Jahre älter. Camille wird über 15 Jahre lang Geliebte, Mitarbeiterin und Modell sein. Das erste Porträt „Aurora" entsteht 1885.
Rodin sagt über die impressionistischen Plastiken aus seiner Hand: „Ich habe mich bemüht, die Natur wiederzugeben. Ich interpretiere sie, wie ich sie sehe, nach meinem Temperament, meiner Sensibilität, nach den Gefühlen, die sie in mir erweckt."
Doch Rodins Gefühle gegenüber Camille verändern sich. Aus der Zuneigung wird Abneigung, aus der anfänglichen Motivation, Lehr-

meister und Ratgeber der jungen und begehrenswerten Camille zu sein, entsteht Neid – Neid auf die Künstlerin.
Vieles bleibt im Dunkeln, auch Claudels späterer Rückzug in eine konsequente Menschenabkehr. War es simple Verbitterung eines normalen Menschen oder psychischer, medizinisch nachweisbarer Zusammenbruch?

Maillol und Dina

Er erspürte und beobachtete die Natur und stilisierte sie zu einem erhabenen, architektonisch geschlossenen Kunstwerk.
Schon lange ist für den Graphiker und Bildhauer Aristide Joseph Bonaventure Maillol der weibliche Körper sein bildhauerisches Hauptthema, nur selten gibt es Darstellungen männlicher Körper. Manchmal holt er sich Modelle in die Werkstatt, um einzelne Proportionen aus der Natur zu prüfen. Auch seine Frau Clothilde nimmt an diesen Sitzungen teil, doch ihre zunehmende Leibesfülle verweigert ihm immer mehr das erforderliche Studium.
„Ich kenne drei göttliche Blumen: die Rose, die Nelke und Dina", sagt Maillol. Er ist begeistert von Dina Vierny, der damals fünfzehnjährigen Tochter russischer Emigranten, die ihm durch die Vermittlung seines Freundes, des Architekten Jean Claude Dondel, zugeführt wird. Er ist dreiundsiebzig, als er sich 1934 Dina zum Modell nimmt. Sie bleibt sein einziges.
Wer war diese Frau?
Er schwärmt: „Sie ist kräftig, füllig, straff und rundlich ..."
Aber auch dickköpfig – und alles andere als nachgiebig. Sie besucht das Gymnasium, will Politologie und Wirtschaftswissenschaften studieren und gibt Maillol Widerrede. Da sie auch während der Sitzungen liest und ihr Kopf dabei wackelt – was den Künstler stört –, baut er ihr kurzerhand ein Pult.
Banyuls-sur-Mer, Maillols Geburtsort, ist zunächst ein wahrhaftiger „locus amoenus". Das in den östlichen Pyrenäen gelegene Haus Maillols mit idyllischem, mediterranem Pflanzenwerk wird zum Treffpunkt, zum Ort des Arbeitens und der politischen Agitation – für Dina.
Sie wird Mitglied der Résistance und ist den Regimegegnern bei

der Flucht nach Spanien behilflich. Maillol seinerseits zeigt kürzere Fluchtwege auf, hilft, wo er kann.

Sie wird später wegen ihrer Verbindung zu anderen Helfershelfern der Fluchthilfe angeklagt, jedoch wird die Sache aus Mangel an Beweisen fallen gelassen.

Maillol ist besorgt um sein Modell Dina und schickt sie zu befreundeten Künstlern wie Dufy, Matisse und Bonnard, damit sie aus der Schusslinie ist. Sie wird dennoch 1943 verhaftet und sitzt für ein halbes Jahr in Fresnes im Gefängnis. Nur knapp entgeht sie der Deportation.

Im September 1944 stirbt Maillol dreiundachtzigjährig an den Folgen eines Verkehrsunfalls.

Dina Vierny ist damals 25 Jahre alt. Sie ist zum Zeitpunkt des Todes nicht bei ihm und bedauert dies zutiefst.

Sie tritt sein Erbe an und wird sich der Bewahrung seines Œuvres verschreiben. In Form einer Schenkung übereignet sie Maillols Werke den „Jardins des Tuileries" und eröffnet zwei Museen in Paris und Banyuls-sur-Mer.

Maillols Frauenbildnisse wie die „Harmonie" sind beseelt von Dina Vierny und erzählen bis heute die Geschichte zweier Menschen, die sich verehrt und vertraut haben.

„Ich brauche sie wie Luft zum Atmen", so Maillol, den man auch den „Cézanne der Bildhauerei" nannte. In Erinnerung geblieben sind nicht nur seine Schöpfungen in Bronze und Stein, sondern auch die Beziehung zweier Menschen.

Marguerite Ammann

Marguerite wird verschwiegen!

„Tut mir bitte den Gefallen und erwähnt in keinem Brief, daß ich nicht allein bin ...", schreibt der zu einer Orientreise aufbrechende Grieshaber an die daheim gebliebenen Freunde.[1]
Über Paris und London geht die Exkursion Richtung Ägypten – die Überfahrt erfolgt im November 1932. Mit dabei ist eine junge, attraktive Schweizerin namens Marguerite Ammann, die versteckt wie kaum eine andere Person bleibt, nicht in Erscheinung tritt. War sie Grieshabers erste Liebe? War es ihm peinlich? Warum verheimlicht er diese Frau? Grieshaber schweigt sich aus.
Wer ist diese Frau? Was war sie für ein Mensch? Was zeichnete sie aus? Wie hat sie gelebt?
Ohne den Anspruch auf Detailtreue und Vollständigkeit soll das Leben Marguerite Ammanns beleuchtet werden, sollen ihre Konturen als Frau, als Partnerin und als Mensch erkennbar gemacht werden. Marguerite war die Frau, mit der Grieshaber reiste und arbeitete und die vielleicht mehr war als nur eine Begleitung. Es gestaltet sich schwierig, die Spuren einer möglichen Verbindung zwischen der Basler Kunstschaffenden und „Gries" – so lautet sein Spitzname in dieser Zeit – zu finden, ist die Quellenlage aus dieser Vorkriegszeit doch äußerst dünn.
Es lassen sich biographische Schnittstellen zwischen „Gries" und Marguerite rekonstruieren:
HAP studiert von 1926 bis 1928 als eingetragener Student bei dem Kalligraphen Professor Ernst Schneidler an der Stuttgarter Kunstgewerbeschule, nach 1928 bis 1931 aus Kostengründen – wie immer fehlt es an Geld – als externer Meisterschüler.
Schon damals gilt der Kunstprofessor als Spezialist auf dem Gebiet der Schrift und er lockt viele Studenten nach Stuttgart. Auch Marguerite Ammann erreicht sein Ruf.
Grieshabers Eltern weigern sich, dem Sohn, der gelernter Schriftsetzer und Buchdrucker ist, ein Akademiestudium zu finanzieren. Grieshaber selbst bemüht sich, ein Stipendium zu bekommen. Er

Marguerite Ammann

scheitert. Nun muss er selbst Geld verdienen, um seinen Lebensunterhalt zu sichern.

Als Graphiker arbeitet er zeitweise bei der Stuttgarter Druckerei Stähle & Friedel. Das Anstellungsverhältnis dauert nicht lange, von November 1928 bis April 1929. Dann ist er wieder auf der Suche nach neuer Arbeit.

Rudolf Mayer, der ehemalige Lektor des Dresdner Verlages, mit dem Grieshaber 1966 den „Baseler Totentanz"[2] herausgeben wird, zeichnet diese Zeit – soweit es geht – akribisch nach.

Er beschreibt die „Wanderschaft" Grieshabers in Mittel- und Norddeutschland, die Stuttgarter Zeit gemeinsam mit den Schneidler-Schülern Erich Mönch und Karl Hauff sowie die Gründung der Reklame-Werkstatt „Atelier Igel".

Grieshabers Alltag ist geprägt von dem ständigen Kampf ums Überleben. Hunger wird sein stetiger Begleiter.

1929 herrscht in ganz Europa wirtschaftliche Depression und Grieshaber ist arbeitslos. Er reist auf der Suche nach Verdienstmöglichkeiten in die Schweiz. Schon damals gilt das kleine Land als Ort der Hoffnung auf wirtschaftliche Sicherheit.

In seinem Pass ist als Einreisedatum der 1.7.1929 angegeben – drei Monate später ist Marguerite Ammann als Schneidler-Schülerin in Stuttgart eingetragen. Ein Zufall? Vermutlich kreuzen sich hier zum ersten Mal ihre Wege.

Marguerite Ammann am Hallwilersee: Manchmal steuert die humorvolle, kreative Schweizerin das Schiff selbst. Sie ist zu ihrer Zeit ungemein selbstbewusst, wenn nicht sogar amazonenhaft – auch wenn sie eher zerbrechlich, verletzbar wirkt.
Foto: Peter Mieg-Stiftung Lenzburg

Folgende weitere Reisedaten Grieshabers sind genau dokumentiert: „Am 11. März Weiterreise mit Ziel Vorderer Orient, mit Transitvisum durch Frankreich, Route Paris–Marseille; Weiterfahrt mit dem Schiff über Neapel nach Port Said. Einreise in Ägypten am 24. März 1932."[3]

Schöne, melancholische Reisegefährtin

An der Seite von Grieshaber steht diese zwei Jahre jüngere Frau, Marguerite Ammann. Die energische Malerin stammt aus einer reichen Basler Kaufmannsfamilie. Im Gegensatz zum Reutlinger Holzschneider ist sie finanziell völlig unabhängig und ganz anders als er kämpft sie um die Anerkennung als Künstlerin, nicht um das Überleben in existenzieller Hinsicht.
Sie agiert selbstbewusst. Schon 1932 schafft sie es, eine Bilderausstellung im Casino Stefano in Alexandria zu bekommen.
Als Malerin, Graphikerin und Illustratorin wird sie sich zeitlebens mit urbanen und natürlichen Landschaften auseinandersetzen sowie mit mythologischen und literarischen Sujets. Das verbindet sie mit Grieshaber.
Äußerlich hat Marguerite Ähnlichkeit mit einer Figur Modiglianis; sie ist schlank, hat ein ovales Gesicht, lange Gliedmaßen. Oftmals erscheint sie selbst oder dieser Frauentyp in ihrer Bilderwelt.[4]
Grieshaber selbst erzahlt nichts über Marguerite.
Den Schweizer Maler, Publizisten und Komponisten Peter Mieg verbindet eine über dreißigjährige Freundschaft mit der als humorvoll charakterisierten Marguerite. Sie, Mieg und der Dichter Franz Max Herzog bildeten eine „Künstlerbande". Mieg nennt sie das „Kleeblatt".[5]
Anekdotisch und einfühlsam sind Miegs 1965 formulierte Beschreibungen[6] anlässlich einer Gedächtnisausstellung von Marguerite Ammann in der Baseler Kunsthalle. Er zeichnet ihre „vielschichtige Persönlichkeit" so, dass sie für den Besucher und den Leser lebendig, fast als Person greifbar und fühlbar wird!
„Das Lichte und das Dunkle standen bei ihr so nah beisammen."
Er meint damit auf der einen Seite ihre Lebenszugewandtheit, „denn

Marguerite Ammann konnte sich des Lebens durchaus freuen, sie konnte die Schönheit einer Landschaft genießen, auch ein Mahl, entweder in seiner ländlichen Einfachheit oder in seiner kunstvollen Beschaffenheit."

Auf ihrem „Fahrstuhl" genannten Veloziped sei sie durch die Straßen Basels gefahren, auch auf den schmalen Straßen des Tessins. „Sie schwamm mit Vergnügen und steuerte einst den Dampfer über den Neuenburgersee." Mieg erinnert an die vielen gemeinsamen Reisen der Dreierbande „Kleeblatt":

„Unbändig war das Gelächter der Drei, wenn sie gemeinsam auf Reisen waren und wenn die Phantasie des einen oder anderen ihre Kapriolen schlug." Er erzählt stimmungsvoll von den Reisen und der tiefen menschlichen, freundschaftlichen und intellektuellen Harmonie der Künstlergruppe!

„Allein das Wort, das gesprochene, konnte Anlass zu reinem Vergnügen sein. Humor und Galgenhumor waren eng verbündet."

Das „Wissen um den schmalen Steg, auf dem man balancierte, um die Nöte im Irdischen und die freundlichen Ausweichstellen, die sich immer boten" habe eine „fast formelhafte Geheimsprache" entstehen lassen, die den „drei Reisenden und einer kleinen Gruppe Verstehenden" geläufig war. Man habe sich ohne Worte verstanden, berichtet Mieg.

In seinen Schilderungen entsteht ein körperhaftes Bild von Marguerite, der Reisegefährtin, die „Gries" über mehrere Monate in Arabien begleitete.

Ammann: „Das Leben verlangt nie mehr, als wir leisten können ..."

Mieg geht auch auf die dunklen Seiten von Marguerite ein. Er findet in ihrem Werk „symbolhafte Figuren", etwa „den Engel". Ein kanonisiertes, über viele Jahrzehnte immer wieder interpretiertes Motiv, das sich auch durch Grieshabers Œuvre zieht.

„Den über der Landschaft im Himmel schwebenden Engel rief Marguerite Ammann als beschützenden Geist auf, der sie geleiten sollte ..." Mieg sieht in dem Engel eine Figur, die die Rolle des Helfers in

„einem Leben voller Gefahren" einnimmt. Er zeigt die Wahrhaftigkeit in Marguerites Sein und Tun und beschreibt, wie für sie Stärke und Brüchigkeit des Lebens gleichberechtigt nebeneinanderstehen.
„Das Leben verlangt nie mehr, als wir leisten können, aber manches Mal das Äußerste ... Man kann nur lernen, fromm zu werden und am Leid zu wachsen, und ich glaube, jetzt erst recht muss man unsern Werten treu bleiben und beweisen, dass sie sind und nicht zerstört werden können. Sonst waren sie auch gar nie wirklich", schrieb Marguerite Ammann zu Beginn des II. Weltkriegs angesichts der Bedrohung von Krieg, Zerstörung und Naziterror.
All den düsteren Visionen aber setze sie, so Mieg, ihre arkadische Vision entgegen, der sie bei ihren Griechenland-, speziell den Kretaaufenthalten, nachspürte. So schreibt sie Ende der Dreißigerjahre:
„Die Hochebene, in der Phaistos und Hagia Triada liegen, ist ein großer wunderschöner Blumenteppich. Landschaftlich ist die Insel ein Traum; seltene Vögel, Kraniche und Reiher fliegen aus dem Schilf auf, Sommervögel und Bienen sind in den wilden, blühenden Mandelbäumen, und am Boden laufen eilige Eidechsen ... Man müsste ein Jahr hier leben, um dieses Land mit seinem süßen, schweren Wein und seinen Olivenhainen zu verstehen.
Und dann war ich einen ganzen Tag oben in Sunion, und die Säulen des Tempels waren ganz weiß, und ich saß und malte und sah aufs Meer hinunter, und ganz nahe wuchsen seltene Orchideen."
Es war bereits ihre zweite Griechenlandreise, die Erlebnisse und Erfahrungen in Ägypten und Grieshaber lagen schon lange zurück. Dennoch: Mieg beschreibt die Gefährtin als einen Menschen, der das verlorene Paradies stets wiederzuentdecken suchte.
Zeitlebens ist auch Grieshaber der Utopie Arkadien auf der Spur, von Griechenland inspiriert. Liegt darin eine Seelenverwandtschaft von Marguerite und HAP?
Die Cousine von Peter Mieg, Margot Schwarz, Autorin vieler Romane und Reisebücher, charakterisiert Marguerite noch ein Stück mehr.[7]
„Ihre Familie hatte zuerst an ihrer Begabung gezweifelt, aber Marguerite setzte sich durch, sie hatte einen zähen Willen, sie war eine harte Arbeiterin", schildert sie die frühen Jahre. In einem Artikel beschreibt sie die starke Zigaretten rauchende Malerin in ihrem Baseler Atelier am Rande der Altstadt mit Blick hoch über den Rhein gen Norden.

Marguerite Ammann

Mit Malerkollege Peter Mieg und Freundin Lucy Sandreuter hält sich Marguerite 1936 in Locarno auf – Reisen ist ihre Leidenschaft.
Foto: Peter Mieg-Stiftung Lenzburg

Paris mit seinen Straßen, Häusern, Höfen, alten Gärten sei die Stadt gewesen, in der sich Marguerite sehr wohl gefühlt habe.
„Siehst du, ich möchte malen, wie es aussieht", habe sie gesagt, doch es sei ihr nicht gelungen. Das Motiv Notre Dame beispielsweise habe sich unter ihrem Pinsel „bei aller Schwere der Masse" in das „Schwebende des Geistes, das Erhöhtsein eines mit Farben gesagten Glaubens" verwandelt.
Es gab, so Schwarz, eine Marguerite mit ihren kreativen Hochphasen und den dazugehörenden Atempausen.
„Manchmal verschwand Marguerite. Ein ihr befreundeter Arzt wusste, wann sie Erholung brauchte von ihren Visionen, ihrem übersteigerten Denken. Darauf kehrte sie in den Alltag zurück, beruhigt, und griff zum Pinsel. Vor solchen Zeiten konnte sie mit weit geöffneten blauen Augen ins Leere schauen, die Brauen hochgewölbt, ein Büschel blonder Haare in die Stirn.
Auch wenn ein Bild sie beschäftigte, mochte sie so verloren in der Weite suchen, bis sie zurückkam und wir uns, nach einem ihrer komischen Aussprüche, lachend unterhielten."
Margot Schwarz erkennt die Ernsthaftigkeit in Marguerites schöpferischem Tun. Von den großen Landschaften mit den Engeln, die nach dem Umzug von der Werkstatt am Rhein in ein neues Atelier entstanden seien, und die von vielen Betrachtern zum Ärger von Marguerite als „Märchenbilder" abgetan worden seien, sagt Margot Schwarz:

„…. ihre Bilder waren keine Märchen, sie waren tiefste Notwendigkeit und ein verzweifeltes Jasagen-Wollen zum Leben, mit der Hilfe verborgener Mächte."

Die Kunst als Bewältigung der Realität im Inneren und Äußeren und als Notwendigkeit des Lebens, diese Auffassung findet sich – so wie Margot Schwarz Marguerite Ammann und ihre Kunst sieht und beurteilt – genauso bei HAP Grieshaber.

Darüber hinaus verbindet sie eine gemeinsame Leidenschaft: die Reiterei. Grieshaber liebt seine Islandstute „Sweinja", die ihn über lange Jahre begleitet und die auch im „Osterritt"[8] Akteur sein wird. Mit ihr reitet er ins Kloster Sießen. Bereits in Ägypten reitet Grieshaber wie ein Tuareg mit dem Pferd in die Wüste – um die Einsamkeit zu suchen.

Auch Marguerite liebt die Pferde, sie „war eine leidenschaftliche Reiterin. Hin und wieder, wenn sie etwa einen Bildauftrag gut beendet hatte, leistete sie sich einige Tage des Reitens, mit Vorliebe in Elgg, wo ein Stall über Pferde verfügte, die ihr zusagten. Den Pferden galt ihre Liebe."

Die Freundin Margot Schwarz verweist auf die zahlreichen Bilder, die sie gemalt hat, „wo etwa ein Schimmel und einige Braune durch das Grün einer Sommerlandschaft traben oder ein Droschkenpferd, das mit müde hängendem Kopf auf die Weiterfahrt wartet."

Abenteuer Ägypten – die Amazone und der Kunstrebell!

Warum Arabien? Was geschah dort?

Wie bereits angedeutet, bricht Grieshaber von Deutschland aus auf zu neuen Ufern. „Die Heimat sei ihm zu eng geworden", formuliert es sein Jugendfreund und Weggefährte Rudolf Mayer. Er zitiert den Holzschneider und dessen Beweggründe:

„Die große Arbeitslosigkeit in der Heimat, eine Entlassung in einem Betrieb, die Unmöglichkeit, nebenher mir mein Brot zu verdienen."

Und er will „sein Blickfeld erweitern", genauer noch die „Begegnung mit anderen Verhältnissen und älteren Kulturen" suchen, um „eine Existenz als freischaffender Maler und Graphiker öffnen und bestimmen" zu können.[9]

Marguerite Ammann

Drei Schneidler-Studenten – „Gries", Vriesländer und Marguerite – avisieren das Reiseziel afrikanischer und orientalischer Naher Osten. Wird es gelingen?
Eine Gemeinschaft, die sich gegen die Zeit, das politische, zeitgeschichtliche Klima verschworen hat und auf dem Weg in eine andere, bessere Welt ist.
In London, das auf ihrer Etappe liegt, studieren sie Kunst und Kultur. Sie entwerfen Umschläge für Buchverlage, studieren an der Londoner „Academy",, zeichnen für die „Vogue", besuchen Museen. Grieshaber sucht den Studiensaal des British Museum auf und beschäftigt sich mit fernöstlicher Kunst:
„Museumsdiener stellten mir die schönsten Miniaturen der Mogulzeit auf die Staffelei, herrliche Tuschen aus der Zen-Bambushalle, die kostbaren persischen Handschriften aus dem Mittelalter mit ihren ornamentalen Tier- und Menschendarstellungen."

Marguerite Ammann, Grieshabers Reisegefährtin in den Orient, ist eine asketische, disziplinierte Frau, deren Lebensinhalt die Kunst ist. Das Bild entstand 1945. Foto: Peter Mieg-Stiftung Lenzburg

Und er fügt hinzu: „Niemand störte mich."[10]
Niemand – das ist unter anderem Marguerite, die während der ganzen Reise an seiner Seite steht, zeichnet und malt, die archaische Formsprache rezipiert, interpretiert und später – in Ägypten – ihre für sie so charakteristische Technik – Tempera auf Leinwand – entwickeln wird.
Die 21-jährige Marguerite, eine Augustgeborene, reist mit Grieshaber allein nach Ägypten, mit Vriesländer wollen sie sich erst in Kairo treffen – die Zusammenkunft wird scheitern, da Grieshabers Visum nicht mehr verlängert wird. Das Schweizer Visum bleibt unantastbar.
Acht Monate bleibt Grieshaber mit Marguerite in Ägypten:
„Bei Kairo fand ich ein Fellachendorf am Rande der Wüste, stockte ein Lehmhaus auf, ritt in die Wüste hinaus und war allein. Auf innere Stille angewiesen."[11]
Und Marguerite? Sie ist sein engster Bezugspunkt. Grieshaber resümiert, so Mayer, den Exkurs nach Arabien als „eine herrliche Zeit".[12]

Grieshaber: „eine herrliche Zeit" – mit Marguerite?

War die Zeit auch oder gerade wegen Marguerite eine „herrliche"? Grieshaber, 23 Jahre alt, gut aussehend, sprühend vor Tatendrang, eine neue Welt erkundend – nicht selten erscheint er auf den Arabienfotos mit Tropenhelm und weißen Handschuhen! – schweigt sich aus. Warum?
Marguerite, vermögend und schön, ist ihm Gefährtin – Geliebte? Beweise für eine geschlechtliche Beziehung existieren nicht, aber es gibt Indizien:
Da ist zunächst Marguerites schneller Entschluss, in Stuttgart bei Schneidler zu studieren, nachdem „Gries" in die Schweiz gereist war. Dann die gemeinsame Reise – die Zweisamkeit in Ezbet el Nakhl. Vermutlich wohnten sie und „Gries" zeitweise unter einem Dach.
Und dann ist da die geistige, künstlerische Symbiose, die Hinwendung zu puristischer Formsprache, zum Primat der Linie, die sowohl bei Grieshaber als auch bei Ammann in einer Fortführung des klassischen Formkanons evident wird.

Als Beispiele dienen die „Tänzerin (Arabische Tänzerin)" und die „Gaukler" von Grieshaber[13] und Ammanns orientalische Impression „Harem"[14]. Grieshaber wird sein ganzes Werk hindurch dieses „klassische Moment" fortführen.

Ihre Seelenfrequenz scheint gleich zu schwingen, das Nebeneinander von Licht und Schatten, der Wechsel von kreativer Hochphase und melancholischer Zurückgezogenheit, ihre humorvolle Art, dennoch das Leben zu genießen, das lässt einmal mehr deutliche Übereinstimmungen erkennen. Marguerite definiert sich als konsequent wertetreu, sieht sich „am Leid wachsen" und weiß, „daß das Leben nie mehr verlangt, als wir zu leisten bereit sind".

Beiden gilt der „Engel" als Wächter – Marguerite als „beschützender Geist", als Hüter des Menschen.

Für Grieshaber wird er zum Symbol persönlicher Agitation innerhalb eines geschichtsorientierten Umfeldes – erinnert sei an seinen individuell ausgestatteten „Engel der Geschichte", mit dem er – in Form einer Flugschrift – gegen jegliches Leid anzukämpfen versucht.[15]

So ist – wenn eine materiell gebundene Liebschaft auch mit der kleinsten Lupe nicht eindeutiger zu verifizieren wäre – eine Liebe zwischen Künstler und Künstlerin auf anderer, vielleicht geistig höherer Basis eindeutig rekonstruierbar.

Sie sind sich Lebensabschnittsgefährten geblieben, und gerade die insuffiziente Quellenlage, die das als sicher oder nicht sicher geltende Verhältnis zwischen HAP und Marguerite offen hält, gibt uns bis heute ein spannendes Rätsel auf. So kann der interessierte Leser immer noch auf Spurensuche gehen.

Tatsache ist, dass Grieshaber Marguerite nach acht Monaten verlassen muss, und „Mademoiselle Marguerite Ammann, de la London Academy" – wie „Gries" sie apotheisiert[16] – bleibt in Ezbet el Nakhl. Der Holzschneider reist weiter nach Griechenland und trifft dort den Künstler und Homosexuellen Klaus Vriesländer, der tragischerweise 1944 bei Athen von der Gestapo erschossen wird.

Von da an gehen Grieshaber und Marguerite eigene Wege.

Marguerites weitere Lebensdaten verweisen auf eine ansehnliche Karriere: Es folgen weitere Studienaufenthalte 1934 und 1938 in Griechenland, 1936 in Paris, 1937 in Florenz, dann in Nervi, Arona, am Bodensee, am Genfer See und in Venedig.

Marguerite Ammann

Ab 1938 arbeitet sie in ihrem Baseler Atelier als freie Künstlerin. Werke finden sich in der ganzen Schweiz, unter anderem entsteht 1951 „Das Märchen von der Seejungfrau", ein Wandbild im Kindergarten der Kannenfeld-Baugenossenschaft Basel. 1953 die „Fabeln von La Fontaine", ein Wandbild im Mädchenheim „Zur guten Herberge" in Riehen-Basel. 1954 die „Südliche Landschaft", ein Wandgemälde in der Eingangshalle des Altersspitals „Holdenwaid" in Liestal. 1995 erscheint bei den Editions du Griffon, im schweizerischen Neuveville, in der Reihe „Schweizer Kunst der Gegenwart" eine Mappe mit acht Reproduktionen. Aus der griechischen Mythologie bezieht sie ihre Themen, so für „Odyssee", ein Exponat im Erholungsheim Chaumont. Ein Jahr später entstehen die „Drei Tierkreiszeichen: Steinbock, Wassermann, Zentaur" in Form einer Majolika im Elektrizitätswerk Basel; 1958 dann fügt sie eine zweite – das „Sternbild des Schwans" – hinzu.

Ausstellungen hat sie 1933 in Alexandrien, von 1933 an regelmäßig in der Kunsthalle Basel, 1933–1936 in der Galerie Schultheß, 1937–1938 in der Galerie Raeber, beide in Basel. 1941, 1946, 1951 und 1956 nimmt Marguerite an der Schweizerischen Nationalen Kunstausstellung teil.

1949 zeigt sie ihre Bilder in der „Galerie des Quatre Chemins" in Paris, 1951 in der Züricher Galerie Orell Füssli. Präsent ist die Malerin 1953 auch mit Arbeiten in Bozen, in der „Großen Kunstausstellung" und in der Galerie Günther Francke in München.

Zürich (Kunstsalon Wolfsberg), Chur (Kunsthaus), Leverkusen (Museum Morsbroich) sind ihre nächsten Stationen 1954 und 1955. Und dann kommt der große Sprung: Sie wird zur „International Exhibition" nach Japan eingeladen. 1961 schließt sich der Ausstellungsreigen mit einer Ausstellung in der Baseler Galerie Beyeler.[17]

Am 4. April 1962 stirbt Marguerite Ammann allzu früh in Basel.

Anmerkungen

[1] Zitiert nach Mayer, Rudolf: Tagröte. Der junge Grieshaber und seine Freunde. Ostfildern 1998, S. 9–10. Anhand von Originaldokumenten wie Reisepässe, Visa, Fotos, handschriftliche Notate, die im Buch reproduziert sind, lässt sich die Reise rekonstruieren. Dem Verfasser des Buches sei Dank für seine akribische Recherche.

Marguerite Ammann

[2] „Totentanz von Basel", Fürst-WV, Band 2, 66/1–40.

[3] Mayer: Tagröte, S. 108.

[4] Stellvertretend für einen kurzen Überblick über ihr Werk seien folgende Publikationen genannt: Gedächtnisausstellung Marguerite Ammann. Kunsthalle Basel, 23.10.–21.11.1965. Basel 1965. Ausstellung Marguerite Ammann, Walter J. Moeschlin, 23.3.–28.4.1957, Kunsthalle Basel. Basel 1957. Marguerite Ammann, Kunsthalle Basel. Basel 1946. Sigismund Righini, Augusto Giacometti, Albert Kohler, Serge Birignoni, Max Uehlinger, Marguerite Ammann, Peter Mieg, Max Herzog. Kunsthalle Basel. Basel 1939.

[5] Peter Mieg Bulletin 13. Erstdruck im Katalog zur Gedächtnisausstellung Marguerite Ammann, Kunsthalle Basel, 23.10.–21.11.1965, S. 3.

[6] „Marguerite Ammann" von Peter Mieg; in: Peter Mieg Bulletin 13, S. 3–5.

[7] „Marguerite Ammann" von Margot Schwarz; in: Peter Mieg Bulletin 13, S. 1–3.

[8] „Osterritt", Fürst-WV, Band 1, 64/52–90.

[9] Mayer: Tagröte, S. 7f.

[10] Mayer: Tagröte, S. 9.

[11] Mayer: Tagröte, S. 14.

[12] Mayer: Tagröte, S. 18.

[13] „Tänzerin (Arabische Tänzerin)", Fürst-WV, Band 1, 32/1, und „Gaukler", Fürst-WV, Band 1, 32/2.

[14] Ammanns Bild „Harem" von 1933, Tempera auf Papier, 35×40 cm, wurde auf der Gedächtnisausstellung 1965 in der Kunsthalle Basel gezeigt.

[15] Ich verweise an dieser Stelle auf meine Publikation „Im Augenblick der Gefahr" – Grieshabers Umgang mit Geschichte als Schlüssel zum Werk. Tübingen 2000.

[16] Mayer: Tagröte, S. 16.

[17] Daten entnommen dem Katalog zur Gedächtnisausstellung Marguerite Ammann. Kunsthalle Basel 23.10.–21.11.1965. Basel 1965, o. S.

Lena Krieg

Der Holzschneider rettete sie vor der Verfolgung der Nazis und einer eventuellen „Liquidation" durch ihre Schergen, wurden doch Tausende von geistig und körperlich behinderten Menschen in Grafeneck bei Münsingen/Württemberg Opfer des Euthanasieprogramms[1].
Die Rede ist von Lena Krieg, HAP Grieshabers erster Ehefrau, Pazifistin, Soziologin und Doktorandin bei Max Horkheimer[2], die zeitlebens von ihren Schwestern gegängelt und emotional gequält wurde. Während die bis zu ihrem Tode den Nazis und Neonazis mit Geist und Geld zugetanen Frieda und Charlotte Krieg in der großen Villa in Eningen unter Achalm residierten, musste Lena im kleinen, ohne Heizung ausgestatteten Gartenhäuschen vegetieren, als familiärer Aussatz.

Ihr Wesen und ihre Erscheinung – ein Versuch

Wer war diese Frau, von der es nur wenige Fotos gibt, Briefe, Karteikarten aus dem Amtsregister, graphische Notate, Ansätze einer porträthaften Skizzierung von Grieshaber selbst, der mit Lena eine Notgemeinschaft zu pflegen schien und mit der er von 1941 bis 1952 verheiratet war?
Ein Foto von Kurt Deschler aus dem Jahre 194/[3] zeigt die Atmosphäre einer besonderen Konstellation zwischen Grieshaber und Lena auf der Achalm, widergespiegelt in einer Momentaufnahme:
Man sieht die herben, von Entbehrung gezeichneten Gesichtszüge einer Frau, eingerahmt von einem streng gebundenen weißen Kopftuch. Die Brille lässt die nach unten blickenden Augen nicht erkennen. Die Frau ist mit etwas beschäftigt, im Hintergrund der Holzschneider, vor eigenen Kunstwerken und einer Holzskulptur von Freund Fritz Ruoff sitzend und in einem Buch blätternd. Der Raum wirkt dunkel, und nur von rechts flutet helles, grelles Licht, rembrandtesk arrangiert, in das Zimmer.
Zwei Menschen befinden sich hier in einer Spannung zwischen Hell und Dunkel und wirken dennoch geschützt wie in einer mönchischen

Lena Krieg

Im Schutze häuslicher Idylle: Lena und HAP auf der Achalm 1947. Im Hintergrund eine Holzplastik von Fritz Ruoff und Grieshabers „Bilderbogen 1 und 2".
Foto: Kurt Deschler, mit freundlicher Genehmigung von Rudolf Mayer, Dresden

Zelle. Lenas Mund scheint bei näherer Betrachtung leicht zu einem kaum wahrnehmbaren Lächeln bewegt.
Beide sind gehalten, aneinander, ineinander, sie bieten sich – und sei es auch nur in diesem Raum – Schutz. Diese Bildsituation spiegelt symbolisch ihre Beziehung wider.

Der Nährboden der Beziehung

Grieshaber kehrt 1933 aus Griechenland zurück. Bereits dort wollte er mit Vriesländer eine politische Zeitung herausgeben. Der Holzschneider trifft Künstler, Intellektuelle wie Dimitrios Pikionis, versucht auf das politische und soziale Geschehen Einfluss zu nehmen, reist nach Athen. Der deutsche Gesandte droht ihm mit Folgen. Grieshaber fällt ins Visier der Nazis, sie behalten ihn im Auge.
Nachdem Hitler die Macht ergriffen hat, sind auch in Reutlingen die Auswirkungen zu spüren. Grieshaber ist nach seiner Rückkehr bei der Zeitungsausträgerin Lina Häußler untergebracht. Er wird bespitzelt und ab 1933 finden Hausdurchsuchungen statt. Die Reichskultur-

kammer erteilt aufgrund seiner politischen Haltung „Arbeitsverbot" und weist ihn immer wieder darauf hin – neben dem Ausstellungsverbot eine besondere Schmach –, untersagt auch noch die allerkleinste Freiheit schöpferischen Tuns.
Das französische Wort dennoch – „malgre-tout" – gerät in dieser Zeit zum Losungswort Grieshabers, und es gelingt den Nazis nicht, den Holzschneider vollkommen mundtot zu machen, ihn zu beugen. Nach den „Reutlinger Drucken"[4] entsteht das Album „The Swabian Alb" 1936[5], eine Ode an die raue schwäbische Landschaft, in der Grieshaber auch stets eine Stück arkadisches Griechenland gespiegelt sieht, das Ursprungsland von Weisheit und freiheitlicher Demokratie.
In der Galerie Valentien in Stuttgart zeigt er 1938[6] unter dem Deckmantel der „Volkskunst" – ein den Nazis beliebter und geläufiger Begriff – die „arabischen Volksbücher" und die „griechische Volksmalerei".
Er täuscht erfolgreich die Zensur und reist im selben Jahr nach Berlin, dann nach Zürich. Dort findet eine „illegale Ausstellung im Atelier eines Architekten" statt, wie HAP-Freund und Weggenosse Rudolf Mayer in dem Buch „Tagröte"[7] recherchierte.
Der Künstler begegnet Else Lasker-Schüler[8], die mit Franz Marc und Oskar Kokoschka befreundet war und aufgrund ihrer jüdischen Abstammung emigrieren musste.
Der II. Weltkrieg beginnt und Grieshaber wird dienstverpflichtet. Er kommt in eine Reutlinger Maschinenfabrik. Die Gestapo sorgt dafür, dass er als Nachtpförtner und Transportarbeiter tätig ist. In dieser Zeit härtester Entbehrung – er hungert – lernt er die Soziologin Lena Krieg kennen.
Lena – das Foto von Kurt Deschler lässt ein wenig ihrer persönlichen Ausstrahlung Bildwirklichkeit werden – schmiedet mit Grieshaber zusammen eine von intellektueller Dialogfähigkeit und den äußeren historischen Umständen definierte Notgemeinschaft. Sie werden sich stützen.

Anfängliches Glück – später nur Verbitterung?

Am 20. Februar 1901 wird Lena Agnes Krieg in Eningen unter Achalm geboren, als Tochter der reichen, aus dem Kanton Zürich stammenden Lena Karoline, geborene Seyser, und des Oberlehrers Gottfried Krieg. Sie hat noch zwei Geschwister: Frieda, die Ältere, und Charlotte, die Jüngere.⁹

Sie wächst in einem wunderschönen Haus in Eningen bei Reutlingen auf, einem Schweizer Jugendstilbau nachempfunden, ist intelligent und wird gemeinsam mit ihren Schwestern vom Elternhaus gefördert.

Frieda, ihre ältere Schwester, geht nach der Realschule für zwei Jahre in ein Internat am Genfer See, anschließend hospitiert sie in einem italienischen Adelshaus.

In dieser Jugendstilvilla in Eningen bei Reutlingen wurde ein Stück neofaschistische Geschichte geschrieben. Nach dem Tode von Frieda und Charlotte Krieg wurde das Anwesen der NPD vererbt. Seit 2003 befindet sich das Haus – restauriert und von allem geistigen und politischen Unrat befreit – im Besitz des Architekten Matthias Engelhardt.
Foto: Archiv Reutlinger General-Anzeiger

Lena, anscheinend „Liebling des Vaters", darf nach bestandener Matura nach Chicago zu Bekannten reisen.

Das Nesthäkchen Lotte sollte sich nach Schulabschluss um Haus und Hof in Eningen kümmern, eine Altersvorsorge für die Eltern.

Nach dem Tod des Vaters, 1924, wird die wirtschaftliche Situation der Mädchen schlechter, als 1956 die Mutter stirbt, verschärft sich ihre Lage noch mehr. Die Töchter sind fortan auf sich selbst angewiesen.

„Bis zur Machtübernahme der Nationalsozialisten ist Lena ein lebenslustiger Mensch", kommentiert Henning Kober.¹⁰ Sie beginnt ihr Studium der Nationalökonomie am Frankfurter Institut für Sozialforschung und ist Doktorandin bei dem berühmten Max Horkheimer, Sohn des reichen jüdischen Fabrikanten Moses Horkheimer aus Stuttgart-Zuffenhausen. Als Thema wählt sie sich „Utilitarismus", die Lehre, „die im Nützlichen die Grundlage des sittlichen Verhaltens und

das Ziel alles bewussten Handelns sieht und ideale Werte nur gelten lässt, sofern sie dem Einzelnen oder einer Gemeinschaft nützen".[11]
Schon 1931 sieht Horkheimer die Gefahr des herannahenden Nationalsozialismus, 1933 schickt er den Mitarbeiter Julian Gumperz nach New York, um die Arbeits- und Lebensverhältnisse dort auszukundschaften, 1934 emigriert er selbst dorthin.
Die Gestapo nimmt Lena Krieg ins Visier. Personen aus dem „Horkheimer-Umfeld" sind verdächtig, setzt er sich doch von Amerika aus für Juden aus der Heimat ein – er bürgt mit Gelddarlehen. Auch Lena unterstützt Juden, hilft einem Freund bei der Flucht nach London. Studium und Promotion werden aufgrund äußerer Zwänge abgebrochen.
Aus den bereits zitierten Eninger Amtsunterlagen ist zu rekonstruieren, dass Lena im Jahr 1938 Frankfurt am Main als ihren Wohnort angibt.
Am 26. Juni 1941 ist ihre Adresse mit: „Adolf-Hitler-Straße 41" in Bebenhausen angegeben. Von dort siedelt sie am 22. August 1941 in die Schillerstraße 73 in Eningen unter Achalm um.
Sie ist „bei Mutter" einquartiert, wie es weiter heißt. Doch neben der Mutter stehen ihre Schwestern, vor allem Frieda, die aus tiefster Überzeugung Mitglied der NSDAP und die erste Eninger Frauenschaftsführerin wird.
„Tut mir Leid für so eine Gesinnung, und ihr tut euch selbst Leid an damit", schreibt Lena an ihre Schwestern. Frieda und Charlotte sprechen von dem „lieben Herrn Hltler". Frieda soll ihn in einem Münchner Bierkeller getroffen haben, da sei er in „Sepplhosen rumgesprungen" und sie habe ihm aus lauter Zuneigung „einen Zehnmarkschein in die Hand gedrückt".[12] Konträrer könnten Lena und ihre Schwestern nicht empfinden.

Lena in Grieshabers „Malbriefen"

Schon 1939 lernt Lena ihren Grieshaber kennen, vermutlich in der Universitätsstadt Freiburg im Breisgau, wo sie zu der Zeit wohnt. Grieshaber ist in einem Wohnheim einer Papierfabrik untergebracht. Er studiert das Freiburger Münster, fertigt Zeichnungen an.

Beide stoßen aufeinander, die Soziologin, erfüllt von antikapitalistischem, antinationalsozialistischem Gedankengut, beobachtet von der Gestapo, und der Künstler mit Arbeits- und Ausstellungsverbot. Beide teilen das gleiche Schicksal in der Zeit höchster Bedrohung für Leib und Leben. Der Holzschneider sendet ihr metaphorisch formulierte, aphorismenhafte „Malbriefe".[13]
Von Beginn an wird deutlich, dass es sich um eine Notgemeinschaft in harten Zeiten handelt, von verliebten Worten keine Spur.
„Gries" schreibt an Lena:
„Das ist gut an dieser beschissenen Zeit, dass man die wahren Dinge zusammenhält und nach Pascal zu Hause bleibt. Nur das ganz nimmt, was wahrhaft lebendig ist. Wie es später werden wird, nachdem man sich vollkommen zurückgezogen hat, ich denke gut", und er merkt an, dass beide gelernt hätten und lebendig geblieben seien „unter all den Pappdeckelfiguren um uns herum."[14]
Sinnbildlich und exemplarisch für ihre Beziehung ist eine Sentenz aus einem anderen Brief. Da notiert er für Lena, dass eine „große Armut und Not ... das weiße Wintertuch übers Land" gebreitet habe, und er fügt an, „lass uns die Hände ans göttliche Feuer halten, schön verschränkt für den Morgen".[15]
Am 20. April 1941 heiratet der Holzschneider HAP Grieshaber Lena Krieg. In einer „Aufstellung von HAP Grieshaber auf seiner Schreibmaschine" aus dem Krieg-Nachlass werden die Umstände evident: „Heirat: Hotel Ochsen. Tübingen: 21.4. bis 25.4.1941 Logis und Frühstück 37,80 RM. Trauzeuge Zwei Polizisten v. Rathaus je RM 5,-/Urlaub vom 26.7.–14.8.1941 in Bebenhausen/13.8. Verhaftung der Ehefrau durch die Gestapo und Ausweisung (Denunziation d. d. Familie). Bereits vor der Hochzeit Nervenklinik. Zwischen 1951 und 1954 mehrere Entmündigungsverfahren."[16]
Die Frage nach Lenas psychischer Gesundheit beherrschte die Jahre ihrer Beziehung.
Nach Ausbruch des Krieges verbarrikadiert sie sich in ihrem Zimmer, daraufhin lässt Frieda sie mithilfe ihrer Parteigenossin Dr. Berg in die Tübinger Psychiatrie einweisen. Für die Übersiedlung in eine geschlossene Anstalt können jedoch – zum Leidwesen Friedas – keine weiteren medizinischen Argumente gefunden werden.[17] Niemals zuvor gab es Hinweise, die ihren geistigen Zustand bezweifelten.

Lena Krieg

Die zentrale Frage lautet: Wurde hier einem Menschen aufgrund seiner politischen, ethischen Gesinnung und weil er sich nicht in ein durch und durch nationalsozialistisches Umfeld einfügen wollte, mit Entmündigung gedroht? Es wäre keine Seltenheit, wurden doch massenhaft unschuldige Menschen in dieser Zeit „beseitigt".
Lena selbst kommt nicht zu Wort. Sie tritt uns als stiller Partner in wenigen Fotos und Bildern Grieshabers gegenüber. Seine künstlerische Arbeit, die trotz Arbeits- und Ausstellungsverbot sehr fruchtbar ist, trägt sie mit.
Als Grieshaber nach einem Lazarettaufenthalt den Marschbefehl ins Elsass erhält, geht sie mit ihm nach Hagenau. Der Gefreite HAP Grieshaber ist der Fernsprechkompanie zugeteilt – sie ist zuerst in einer Fabrik, danach in der dortigen Stadtbibliothek tätig.
Im Untergrund entsteht die „presse clandestine". Die „Plastischen Meditationen" erscheinen 1943.[18]
1946 kehrt das Ehepaar Grieshaber zurück nach Eningen in Lenas Elternhaus und wohnt dort – die Gründe sind bekannt – nur für kurze Zeit. Wenig später sind sie „auf der Achalm, in einem Bretterhäuschen", wo wir (ich) wohne(n), wie es der Künstler zweideutig formuliert.[19]

So sah Lenas und HAPs Häuschen von außen aus. Das Foto entstand im Frühjahr 1947.
Foto: Kurt Deschler, mit freundlicher Genehmigung von Rudolf Mayer, Dresden

Mensch und Tier (7 Katzen) leben in Eintracht in der Behausung, die von ständiger Kälte geprägt ist. Geheizt wird mit Holz – das herbeigeschafft werden muss. Im März 1950 ist die Achalm eingeschneit. „Lena ist noch krank", schreibt Grieshaber, doch „die Katzen sind noch fröhlich, viele Krokusse kommen ..."[20] In weiteren Briefen, die emotional geschilderte Berichte seiner Arbeit sind und in denen seine Frau nur ganz am Rande erwähnt wird, notiert er beiläufig, dass Lena wieder auflebe, es gehe „aufwärts, vorwärts".[21]

Lena schreibt Artikel soziologischen Inhalts in der „Weltpresse"[22]. Doch sie verschwindet mehr und mehr hinter dem Menschen und Künstler Grieshaber. 1951 erhält Grieshaber die Vormundschaft über sie, so zeigen es die Reutlinger Amtsakten.[23]

Lena in Grieshabers Bilderwelt

In Wort und Bild hinterlässt Grieshabers erste Frau ihre Spuren in dessen Œuvre. Nach allen Hinweisen auf eine äußerst schwierige Lebenskonstellation und auf die Hintergründe ihrer Beziehung liest sich die Auswahl der nun folgenden Graphiken, chronologisch aneinandergereiht, wie eine angefügte Fußnote, und sie liefern einmal mehr Argumente dafür, dass es sich um eine Lebensabschnittspartnerschaft handelte, ohne Aussicht auf eine weitere Zukunft.

Der Holzschnitt „Weg (Frühlingsanfang)" steht für das Verhältnis von Lena und HAP[24]:

Ein Paar gibt sich freundschaftlich die Hand, die Frau neigt sich dem Manne zu (eine Hommage an Johannes den Täufer, den Lieblingsjünger Jesu, der oft so dargestellt wird?). Es ist viel Abstand zwischen den beiden.

Links im Bild thront ein übermächtiges Wesen, eingebettet in Pflanzenwerk. Ist es eine Naturgottheit?

Es ist nichts Bedrohliches zu spüren, eher eine Harmonie zwischen Mensch und Natur. In einer Zeit, in der gerade der II. Weltkrieg ausbricht, steht hier ein Menschenpaar – wenn auch emotional sehr verhalten in seiner Gestik – in einer Landschaft und hält sich – aneinander. Der sanfte Schutz der nach hinten von der Kontur her sich auflösenden Hügelkette rundet dieses Stimmungsbild ab. Es ent-

steht derselbe Eindruck wie auf dem oben erwähnten Foto mit Lena und HAP.
Dazwischen schneidet Grieshaber die Not ins Holz: Bewegende Impressionen von Zerstörung, Krieg, Gefangenenlager, Hunger und Kälte. Immer wieder tauchen Bilder von Katzen auf[25], die von HAP und Lena wie Kinder umsorgt werden.

War Lena in anderen Umständen?

Der Holzschnitt „Fruchtbarkeit"[26] aus dem Jahre 1947 zeigt ein eng umschlungenes Paar – mit zwei auf den Kopf gestellten Bäumen, die in die falsche Richtung wachsen. Das bedarf keines Kommentars.
Lyrisch-liebliche Fantasien mit Hirte und Hirtin begegnen dem Betrachter im „Ulmer Tuch"[27] – beide leben nun auf der Achalm, wenn auch bitterarm, so doch in politischer Freiheit, und Grieshaber hat schon wieder seine ersten Ausstellungen.
Die Idylle wird getrübt durch die 1949 entstandene Darstellung „Bedrohtes Paar"[28], ein störendes Einsprengsel inmitten des scheinbaren Friedens – Vormundschaftsfragen vergiften die Atmosphäre im Leben der Grieshabers.
Das Paar ist zwischen zwei klabauterhafte Wesen eingespannt, sie können sich nicht rühren. Sind es die Schwestern Frieda und Charlotte, die „Gries" hier ins Bild setzt? Die Schwestern, die unablässig weiterhetzen und gegen Lena intrigieren, sie entmündigen lassen wollen?
„Begegnung" (Ausschnitt aus „Fruchtbarkeit")[29] artikuliert die dramatische Situation zweier Menschen, der eine hält den Mund wie zu einem Schrei geöffnet, der andere ist tief gebeugt mit dickem (schwangerem?) Bauch. Sie halten sich tröstend an der Hand. Wieder ein umgekippter Baum im Bildgrund rechts. War Lena in anderen Umständen? Es ist dazu nichts vermerkt.
Die Situation spitzt sich zu und eskaliert.
„Scheidung"[30], ein Holzschnitt im Wandbildformat, beschließt dann den gemeinsamen Lebensweg. Motivisch und formal klar zeigt Grieshaber ein entzweigeschnittenes „Lebensgemälde".
Zwei auseinandergerissene Bildhälften, in jedem Abschnitt eine Person, deuten von frischer Trennung, der rechte Bildakteur hat die

noch blutig wirkende Schere in der Hand – es scheint Grieshaber selbst zu sein, trägt die linke Figur doch eher weibliche Züge.
In dieser Zeit hat der Holzschneider bereits seine spätere zweite Frau, Riccarda, kennengelernt. Der Künstler von der Achalm verlässt seine Frau und bricht auf zu neuen Ufern. Künstlerisch und persönlich.

Rückkehr ins kalte Nichts – zu ihren Schwestern

Für Lena sei eine Welt zusammengebrochen, kommentiert Henning Kober. „Wieder bleibt ihr nur der Weg zu den Schwestern." Sie habe ins Gartenhäuschen umziehen müssen. „Die Scheidung von Grieshaber macht sie zu einer verschrobenen, ständig zwischen kampfeslustigem Lebenswillen und depressiver Todessehnsucht schwankenden Frau", so Kober.[31]
Der heutige Stuttgarter Galerist und damalige Zeitzeuge Harry Schlichtenmaier wohnte in direkter Nachbarschaft und beschreibt Lena Grieshaber als einen „romanischen Typ mit dunklen Haaren". Sie habe „Männerkleider und Kopftücher getragen". Sie sei in den Augen ihrer Schwestern „das schwarze Schaf" gewesen. Ihre – seiner Ansicht nach – „ruppige Art" habe in gleichem Maße mit musischen Fähigkeiten korrespondiert. „Sie hat hervorragend Klavier gespielt, ist sehr gebildet gewesen, sprach mehrere Sprachen, Französisch fließend."
Für Schlichtenmaier steht fest: „Lena hat Grieshaber geliebt."[32]
Vielleicht wird diese Liebe in einer Zeichnung (ohne Titel) aus dem Krieg-Nachlass transparent, die jene letztendliche Unerreichbarkeit dieser beiden Menschen signifikanter werden lässt:
Ein Menschenpaar liegt in einem Bett, alles deutet auf eine sexuelle Vereinigung hin, doch die Akteure schweben – mit Abstand – übereinander. Sie erreichen sich nicht.
Lenas weiterer Lebensweg nach den Jahren mit Grieshaber ist traurig. Sie wohnt örtlich in unmittelbarer Nähe und muss seinen weiteren erfolgreichen Werdegang verfolgt haben. Im Gartenhäuschen in Eningen bei Reutlingen muss sie ohne Heizung, unter primitivsten Umständen leben. „Mit Nachhilfeunterricht und dem Austragen

von Zeitungen hält sie sich mehr schlecht als recht über Wasser."[33]
Frieda und Lotte leben immer noch für das „Dritte Reich", empfangen den ersten NPD-Chef Adolf von Thadden in ihrem Haus. Der Rechtsextremist Manfred Roeder erhält von ihnen Spenden.
Frieda Krieg stirbt am 5. September 1987, Charlotte Krieg am 2. Februar 1994. Die NPD erbt, so das Vermächtnis der Schwestern, die Villa und 200.000 DM in bar. Die gesamte deutsche Presse schaut auf die kleine Gemeinde Eningen, die das Gebäude im Mai 2001 erwirbt.
Lena und HAP sterben – das ist ihre letzte große Gemeinsamkeit – im Jahre 1981. Grieshaber am 12. Mai und Lena am 30. Dezember in Riedlingen.
Sie wurde bis zuletzt – so kommentiert Verleger Thomas Leon Heck, der noch erhaltene Bücher und Briefe Lena Grieshabers aufkaufte – von den Schwestern „wie ein Tier" gehalten.
Ihre allzeit geliebten Bücher, darunter „Kostbarkeiten", verrotteten zum großen Teil nach ihrem Tod im Gartenhaus. Niemand habe sich gekümmert, die Schwestern schon gar nicht, so Buchantiquar Heck.[34]
Die Neonazistin Frieda Krieg kommt zu Ehren, 1988 werden ihre Bilder der Öffentlichkeit präsentiert. Wie konnte das geschehen? Bei all dem Wissen um ihr politisch eindeutig perfides Handeln?
Wo aber ist das Bemühen um die Rehabilitierung Lenas? Ein posthumes Zeichen einer Wiedergutmachung? Vielleicht die Benennung einer Straße nach ihrem Namen, als Mahnmal der abgrundtief menschenverachtenden Unterdrückung innerhalb einer leiblich miteinander verbundenen Familie? Noch bleiben diese Fragen unbeantwortet.

Anmerkungen

[1] Vgl. dazu „Krankenmord im Nationalsozialismus": Historische Ausstellung der Gedenkstätte Grafeneck in Zusammenarbeit mit dem Stadtarchiv Reutlingen in der Rathaus-Eingangshalle, 12.10.05–3.12.05.

[2] Max Horkheimer (1895 Stuttgart–1973 Nürnberg), Direktor des von ihm mitbegründeten Frankfurter Instituts für Sozialforschung der Uni Frankfurt. Emigration 1933, danach „Institute of Social Research", New York. Herausgeber der „Zeitschrift für

Sozialforschung" (1932–1939), „Studies in Philosophy and Social Science" (1940–1942); 1940 wird H. amerikanischer Staatsbürger, 1943/44 Direktor des „American Jewish Committee"/wissenschaftliche Abteilung). Ab 1949 Professor in Frankfurt a. M., seit 1950 Leiter des Sozialforschungsinstituts, parallel Professor in Chicago (1954–1959). Mit Adorno einer der Begründer der „Frankfurter Schule".

[3] Foto Kurt Deschler, reproduziert in: Mayer, Rudolf: Tagröte. Der junge Grieshaber und seine Freunde. Ostfildern 1998, S. 114.

[4] „Reutlinger Drucke" – unter anderem „Die Passion", Fürst-WV, Band 1, 35/5–33. Fürst, Margot: Grieshaber. Die Druckgraphik. Werkverzeichnis Band 1, 1932–1965. Stuttgart 1986.

[5] „The Swabian Alb" / a book of woodcuts / By h.a.p. gries und k. vries / wuertemberg, Fürst-WV, Band 1, 36/7–39.

[6] Mayer: Tagröte, S. 110.

[7] Mayer: Tagröte, S. 111.

[8] Else Lasker-Schüler (1869 Wuppertal—1945 Jerusalem). Zentrale jüdische Dichterin, Mitarbeiterin der 1910 von Herwarth Walden gegründeten Zeitschrift „Der Sturm", dem berühmtesten Organ moderner Kunst und expressionistischer Dichtung. Metzlers Autorenlexikon. Stuttgart 1986, S. 401–403.

[9] Biographische Daten entnommen: Amtsregister Gemeinde Eningen unter Achalm (nicht nummerierte Unterlagen Familie Krieg). An dieser Stelle gilt mein besonderer Dank Frau Ute Buskies vom Ordnungs-, Sport- und Kulturamt für ihre Mitarbeit.

[10] Kober, Henning: „Lena und ihre Schwestern". Artikel in der taz (die Tageszeitung) vom 12.4.2001. Kober recherchierte vor Ort und sprach mit Zeitzeugen.

[11] Hoffmeister, Johannes: Wörterbuch der philosophischen Begriffe. Hamburg 1955 (2. Auflage), S. 638.

[12] Zitiert nach Kober: taz-Artikel, o. S.

[13] Fürst, Margot: Grieshabers Malbriefe. Reutlingen 1967, S. 38. Der erste Malbrief trägt das Datum 1939.

[14] Fürst: Grieshabers Malbriefe, S. 44

[15] Fürst: Grieshabers Malbriefe, S. 47

[16] Der Reutlinger/Tübinger Verleger und Antiquar Thomas Leon Heck nahm sich des Krieg-Nachlasses an. Der zitierte Brief stammt aus dieser nicht inventarisierten Sammlung. Ein Teil davon befindet sich heute im Marbacher Literaturarchiv, ein Teil wurde vom Sohn Margarete Hannsmanns erworben.

[17] Bei Kober heißt es, dass der verantwortliche Professor Symptome gefunden habe, „die möglicherweise auf Schizophrenie schließen lassen". Kober, taz-Artikel, o. S.

[18] Mayer: Tagröte, S. 111.

[19] Fürst: Grieshabers Malbriefe, S. 65.

[20] Fürst: Grieshabers Malbriefe, S. 84.

[21] Fürst: Grieshabers Malbriefe, S. 90.
[22] Fürst: Grieshabers Malbriefe, S. 91.
[23] Städtisches Archiv Reutlingen/Akte HAP Grieshaber/S2/Nr. 80.
[24] Fürst-WV, Band 1, 39/2.
[25] Fürst-WV, Band 1, 47/3.
[26] Fürst-WV, Band 1, 47/10.
[27] Fürst-WV, Band 1, 49/1–13 (Ausschnitt).
[28] Fürst-WV, Band 1, 49/9.
[29] Fürst-WV, Band 1, 51/1.
[30] Fürst-WV, Band 1, 52/13.
[31] Kober: taz-Artikel, o. S.
[32] Interview mit Harry Schlichtenmaier; in: Rall-Lorenz, Iris-Margarethe: GEA-Serie „Grieshaber und seine Frauen", Teil 2, 24.10.2003.
[33] Zitiert nach Kober: taz-Artikel, o. S.
[34] Rall-Lorenz: GEA-Serie „Grieshaber und seine Frauen", o. S.

Riccarda Gregor-Grieshaber

Künstler und Künstlerin – Himmel und Hölle?

„Bald darauf erreichte uns die Nachricht, dass unserem Einzug auf dem Berg nichts im Wege stehe, da das Anwesen seit langem unbewohnt sei. Dem Schreiben lag ein großer altertümlicher Schlüssel bei. Ich betrachtete ihn ehrfürchtig, er erschien mir fast wie ein Schlüssel zur Himmelstür", schreibt Riccarda, Grieshabers zweite Ehefrau, in ihren Erinnerungen.[1]

Lena und Riccarda – das sind zunächst zwei völlig unterschiedliche Menschen. Während die eine stumm bleibt, artikuliert sich die andere in Wort und Bild, schreibt Bücher und malt expressive Werke. Ein Teil dieser hervorragenden Bilder kommt erst posthum zu Ehren – restauriert präsentiert in einer Ausstellung im Reutlinger Spendhaus.[2]

Das Verbindende in der Beziehung zwischen Lena und HAP ist das Nazideutschland, der Krieg, die Not, die Bedrohung, die Angst vor der psychischen und physischen Vernichtung eines Menschen. Die Basis der anderen Beziehung – HAP und Riccarda – ist das neue Erwachen, der Aufbruch in Wirtschaft, Gesellschaft, Kunst und Kultur. Auch wenn die Schatten der Vergangenheit noch zu spüren und zu sehen sind, so geht doch der Blick weg vom Nachkriegsdeutschland nach vorn in eine neue Zukunft.

Riccardas zupackende, optimistische Art steht als Musterbeispiel für jene Zeit. Sie will mithelfen, etwas aufzubauen, will Grieshaber für ihre „Sache" gewinnen: Sie möchte, dass er beim Projekt „Bernstein" mitmacht, einer Kunstschule in Sulz am Neckar, an der sie lehrt. Auf ihren Wunsch hin wird HAP Grieshaber 1951 dort Gastdozent.

Das ist der Beginn einer fruchtbaren Leidenschaft.

HAP und Riccarda heiraten 1953. 1954 wird Tochter Ricca geboren. Riccarda nimmt zu Beginn noch an Ausstellungen teil. Später wird sie ganz mit dem Malen aufhören, des technischen Aufwandes wegen und vielleicht auch, damit sie der Kunst Grieshabers kein zu starkes Gegengewicht bietet. Sie schreibt vermehrt Bücher.[3] „Mit Kugelschreiber und Kochlöffel", heißt das 1961 erschienene Werk, in dem sie auf persiflierende Weise ihr Leben als Mutter, Künstlerin und

Künstlergattin verarbeitet. Ihre Erinnerungen an Ostpreußen erzählt sie in dem 1968 erschienenen Buch „Als ich Abschied nahm".
Als die Schriftstellerin Margarete Hannsmann in HAPs Leben tritt, verlässt Riccarda gemeinsam mit Ricca die Achalm und zieht in die Innenstadt Reutlingens. Sie bemalt von da an Möbel.

Riccarda – Wandlerin zwischen zwei Welten?

Riccarda begegnet uns in verschiedenen Rollen, selbstbewusst und dann wieder beinahe unterwürfig. Da ist die Frau, die sich von ihrem ersten Mann, dem Zahnarzt Hans Gohr, scheiden lässt, Berlin verlässt und mit ihrer Tochter Nani 1944 aus dem ostpreußischen Königsberg flieht, vergewaltigt wird und wieder neu anfängt. 1950 begegnet die Kunsterzieherin, die sich den Künstlernamen Gregor zugelegt hatte, Grieshaber und lässt sich auf ihn mit Haut und Haar ein. Sie zieht mit ihm auf die Achalm, geht den Weg der asketischen Lebensweise, gibt sich ihm zuliebe beinahe auf – und kommentiert das auch noch karikierend in ihren Erzählungen.
Nani schreibt über ihren Adoptivvater HAP und ihre Mutter:
„Als er arriviert war, waren es die anderen Frauen, die ihm das gaben, was er brauchte. Mama verstand ihn so gut und ermutigte ihn." Picasso sei nicht anders gewesen. „Aber natürlich litt sie schrecklich."[4]
Wie sich Riccarda innerhalb der Familie definiert, zeigt das „Familienbild"[5] aus den Fünfzigerjahren, das zum Zweck einer nicht ganz ironiefreien Präsentation der Vierergemeinschaft angefertigt wurde und an die Gaukler- und Clownsthemen Picassos erinnert.
Auch Pablo Picasso inszenierte sich in seinen großzügigen, lichtdurchfluteten Atelierräumen mit Frauen, Geliebten, Kindern, in gestreiftem Matrosenhemd, mit Hut und Pistole, vor Leinwänden, Skulpturen, Malutensilien. Stellvertretend für diese Demonstration künstlerischer Persönlichkeit steht ein aus dem Jahre 1956 stammendes Foto von Jacqueline Picasso, das den Maler in der Villa „La Californie" in Cannes zeigt: Picasso avisiert direkt den Betrachter. Statuarisch sitzt er vor einem Gemälde, flankiert von einem mediterranen Krug und einem Flötenspieler aus Sperrholz.[6] Mit dem Grieshaber'schen Familienbild ist diese Tradition übernommen:

Der Meister Grieshaber selbst thront im „Familienbild" im oberen Bildrand und dominiert durch seine Statuettenhaftigkeit die Komposition. Ihm untergeordnet ist Riccarda zu seiner Linken, die durch seine weiße Handschuhhand festgehalten wird, ein Einsprengsel demonstrativ applizierten Besitzanspruches!
Die Kinder Ricca – auf dem Schaukelpferd – und Nani – mit großzügig drapiertem Rock – lassen uns in ihrer süffisant interpretierten Darstellung an die Werke Velázquez' denken, was wiederum zu Picasso führt, schulte er sich doch an dessen Bildnissen berühmter Monarchen wie beispielsweise Philipp IV.
Grieshaber, der sich intensiv mit Picasso auseinandersetzte[7], offenbart sich uns hier – gemeinsam mit seiner dem Betrachter zuküssenden Frau Riccarda – als Meister der Selbstironie.
Doch liegt in dieser Verspottung nicht auch Wahrheit? Welche Rolle nimmt Riccarda in Grieshabers Leben ein?

Der Anfang – „Bernstein" und die Folgen

Grieshaber ist voller Tatendrang, seine künstlerische Arbeit steht im Vordergrund. Seine „Malbriefe" aus dieser Zeit sind angefüllt mit Gedankengängen rund um die zeitgenössische Nachkriegskunst, die politische und kulturelle Lage. Er häutet sich wieder einmal, beruflich wie privat, bricht auf in ein neues Leben mit einer anderen Frau. Und auch neu in seinem Leben: die Kunstschule, der „Bernstein".

Die Zeit des Kennenlernens auf der Kunstschule „Bernstein" in Sulz am Neckar: Riccarda und HAP in schüchterner Pose Anfang der Fünfzigerjahre.
Foto: Privatbesitz Ricca Grieshaber

1946 gründen der Maler und Graphiker Paul Kälberer und der Bildhauer Hans Ludwig Pfeiffer eine Kunstschule auf dem „Bernstein" bei Sulz am Neckar. Dort sollen junge Menschen neben einer kunstpädagogischen Ausbildung auch handwerkliches Geschick entwickeln lernen, um für das „Leben draußen" – zum Beispiel in der Industrie – vorbereitet zu sein. Das ehemalige Klostergebäude, in dem die Kunstschule untergebracht ist, geht auf ein um 1237 als „Waldbrüderhaus" von Stiftern gegründetes Bauwerk zurück. Es diente Franziskanern wie später den Obst- und Weinbauern als Heimat. Mit der neu gegründeten „Kunstschule" wandelt sich die Mönchs- zur Künstlerzelle und verfolgt damit nicht den Weg einer neoromantischen, sondern eher einer experimentellen, nachkriegszeitlichen Vorstellung.
Innerhalb dieser Klostermauern wächst die Beziehung von Riccarda und HAP: Der Holzschneider wirkt 1950 bei der Neugründung des Deutschen Künstlerbundes mit, erhält 1951 den Kunstpreis „Junger Westen" Recklinghausen. Die Öffentlichkeit nimmt Notiz von ihm – und Riccarda auch. Riccarda, die Schwester von Pfeiffer, erhält den Ruf, die Kunstschule im ehemaligen Kloster „Bernstein" mitzugestalten, und holt Grieshaber zu sich.
Noch ist Grieshaber mit Lena verheiratet. Ein Eintrag im Familienkataster, mehr nicht, denn er ist bereits in einer ganz anderen Welt. Der „Bernstein" gerät zu seinem Lebensmittelpunkt, und Riccarda ist es, die ihm eine neue Plattform bietet.
In seinen „Malbriefen" aus dieser Zeit dokumentiert er mit keiner Silbe die neue Liebe. Dafür gerät seine Begeisterung für die neue Sache ins Zentrum der Korrespondenz.
Einmal in Sulz angetreten, sorgt Grieshaber „für eine künstlerische und organisatorische Oktober-Revolution", so formuliert es Günther Wirth.[8]
Dort spielen sie griechisches Schattentheater, experimentieren, drucken. Sie stützen seine These: „Die Schule dient der Kunst. Um dafür frei zu sein, müssen wir lernen, die gesellschaftlich notwendigen Arbeiten zu handhaben."[9] Angestrebt wird eine gegenseitige Befruchtung von Kunst und Leben, „die Künstler sollten mit ihrer besonderen Befähigung einer gesellschaftlichen Rolle gerecht werden, die sich gerade gegen eine unhinterfragte Übernahme oktroyierter Vorgaben richtete."[10]

Kurt Frank, Emil Kiess, Lothar Quinte, Franz Bucher, Heinz Schanz, Herbert Schwöbel, Gerhard Köhler – und Riccarda – gruppieren sich um HAP und unterstützen seine avantgardistischen Ideen.

Riccarda – ein Quell der Fruchtbarkeit:
Familie, Bücher und Malerei

Noch im August 1952 – wenige Monate vor der Hochzeit – berichtet Grieshaber in einem nicht zu überlesenden unpersönlichen Sprachduktus von „Frau Gohr". Am 7. Februar 1953 heiratet der Holzschneider in Eningen unter Achalm dann die Malerin und Schriftstellerin Riccarda Gertrud Franziska, geschiedene Gohr, geborene Pfeiffer.
Die neue Frau an seiner Seite ist mit ihm auf Augenhöhe, sie kann ihm intellektuell etwas bieten – beide stehen in symbiotischem Austausch. Sie holt ihn an den „Bernstein".
Riccarda, ein mit dunklen Haaren und hellen, wachen Augen keltisch anmutender Frauentypus, avisiert ihr Gegenüber, analysiert und wirkt durchdringend. Ihr strenger Mund, die hohen Backenknochen deuten auf Durchsetzungsfähigkeit, auf Klarheit und Strukturiertheit hin. Es ist aber auch die Essenz erlebten Schicksals in dieser Physiognomie abzulesen: Riccarda wird am 3. Dezember 1907 als Tochter von Gertrude Kohrt, einer Wandmalerin und Illustratorin vieler Kinderbücher, und Richard Pfeiffer in Breslau geboren. Ihr Vater ist

Amazonenhaft, selbstbewusst: Riccarda mit Rottweiler, entstanden ist das Foto in den späten Dreißigerjahren an der Ostsee.
Foto: Privatbesitz Ricca Grieshaber

Lehrer an der Königsberger Kunstakademie. Auch Riccarda studiert in Königsberg und an der Vereinigten Staatshochschule Berlin.
Im Landhaus in Rantau an der Ostsee verbringt sie ihre Jugend. 1927 heiratet sie den Zahnarzt Hans Gohr. Die Ehe bleibt „durch den Rhesusfaktor" kinderlos, erklärt Nani Croze-Grieshaber, die spätere Tochter, die 1943 zur Welt kommt und nicht von Gohr stammt. „Sie machte einen Hebammenkurs, weil man ja mit Kunst kein Geld verdient, besonders nicht als Frau."[11]

Von den Russen auf der Flucht vergewaltigt

Nani ist ein Jahr alt, als sie und ihre Mutter 1944 in den Wirren des II. Weltkriegs aus Königsberg fliehen müssen. Sie kommen über Usedom nach Berlin. Riccarda wird auf der Flucht vergewaltigt, ihre Tochter ist Zeugin dieses brutalen, menschenverachtenden Geschehens. Ein Erlebnis, das sie nie vergessen wird.[12]
Nach Kriegsende leben Nani und ihre Mutter bei Richard Pfeiffer, Riccarda verdient als Putzfrau Geld. In dieser Zeit erkrankt sie an einer schweren Tuberkulose. Nani erinnert sich: „Wir wohnten dann in einem Gartenhäuschen, wo sie [Riccarda] einen wunderschönen Garten anlegte; ich kann die Königskerze vor der Tür immer noch sehen."[13]
1950 holt ihr Bruder Hans sie an den „Bernstein", um die Kunstschule aufzubauen. Riccarda krempelt die Ärmel hoch, renoviert das alte Kloster mit tatkräftiger Unterstützung und Hilfe, hegt und pflegt den Klostergarten, und schon bald reicht das Gemüse aus, um die Selbstversorgung zu sichern.
Riccarda ist eine kraftvolle Frau: Sie bringt in ihren ersten fünf Lebensjahrzehnten zwei Töchter zur Welt, startet nach Kriegswirren, Flucht und Vergewaltigung immer wieder in neue Lebensphasen, legt Gärten an, schreibt Bücher und erschafft Bilder, die in ihrer Qualität beachtlich sind, gerade auch, weil sie Spiegel ihres Lebens sind:
Da wäre beispielsweise zu nennen „Vorstadtcafé" aus den Vierzigerjahren, ein düster-melancholischer Stimmungsbericht. Zu sehen ist ein menschenleeres Kaffeehaus, das den Blick freigibt auf einen Abendhimmel, der eher von Bombenfeuer als von Sonnenuntergang erhellt ist.[14]

Riccarda Gregor-Grieshaber

*Verbundenheit zu dritt: Ricca wird am 5. Juli 1954 in Eningen unter Achalm geboren und erbt die schönen blaugrünen Augen ihrer Mutter Riccarda.
Foto: Foto-Näher, Reutlingen/Privatbesitz Ricca Grieshaber*

Ab den Fünfzigerjahren bevölkern dann die Menschen ihrer Umgebung ihre reiche Bilderwelt: „Baby unterm Schirm" von 1954/55[15] – damit ist Ricca gemeint – sie wird 1954 geboren und lässt Grieshaber erste Vaterfreuden erleben. Ein wohlgenährtes, nackt auf einem Tuch und im Schatten eines Schirmes sitzendes Kind mit dicken Pausbacken blickt den Betrachter zufrieden, wenn auch etwas schläfrig, versonnen an. Ein Bild der Harmonie. Zahlreiche Werke werden entstehen. Die Achalm wird schließlich dank Riccarda Grieshaber zu einem seltenen Garten Eden, den Pflanzen und Tiere bevölkern. Durch ihn erschafft sie HAP einen Ort der Inspiration, sie schenkt ihm das Glück eines eigenen und eines adoptierten Kindes und eines Umfeldes, in dem ein Künstler arbeiten kann.

Riccarda trotzt den primitiven Lebensumständen, dem „unluxuriösen" Leben, schlägt sich mit Motten, Maden, Milben und Mäusen herum, um alles passend zu gestalten. Sie selbst empfindet bei all der Plagerei „Heimatgefühl", denn „wie lange hatte ich nun schon gelebt, wie auf einem Bahnsteig in Erwartung des Zuges, wie lange waren meine Augen die eines Reisenden gewesen."[16]

Ein noch nicht veröffentlichtes Foto mit HAP, Riccarda und der mehrere Monate alten Ricca[17] manifestiert eine Konstellation, bei der die Frau mit ihrem streng in die Kamera gerichteten Blick Stärke und Führung zeigt. Grieshaber schaut – wie das Baby – nach unten rechts weg. Ein sanftes Lächeln umspielt sein Gesicht, während Riccarda ohne klar erkennbaren Gesichtsausdruck innehält. Ihre großen, „verschafften" Hände halten sie an den Fingern zusammen. „Wer hält hier wen?", möchte man fragen.

Riccarda Gregor-Grieshaber

Grieshaber reüssiert mit Riccarda an seiner Seite

Die berufliche „Blüte" des Holzschneiders fällt in die Zeit mit Riccarda. Bis 1953 arbeitet und lehrt er am „Bernstein" bei Sulz am Neckar. 1955 wird er als Nachfolger Erich Heckels an die Kunstakademie Karlsruhe berufen. Horst Antes, Walter Stöhrer und Dieter Krieg zählen zu seinen Schülern. 1956 folgt die Berufung an die Akademie der Künste in Berlin und den deutschen Kunstrat, ein Jahr später erhält er den Oberschwäbischen Kunstpreis. 1962 bekommt er den Cornelius-Preis der Stadt Düsseldorf und 1968 das Ehrendiplom der ČSSR zur „exposition international de la gravure du bois" sowie den Kulturpreis des Deutschen Gewerkschaftsbundes.
Riccarda begleitet und unterstützt ihn, legt den Malpinsel weg, schreibt aber weiter. Sie nennt ihn, so Ricca, „meinen Bär".[18]
Berühmte Bilder entstehen, großformatige, mit denen Grieshaber Kunstgeschichte schreibt, da sie – übergroß als Wandgemälde – den Holzschnitt seines ursprünglichen Formates entheben: So entsteht der Holzschnitt „Schmerzensbild" von 1952. Grieshaber thematisiert hier die Vergewaltigung Riccardas durch einen russischen Soldaten. Es scheint, als ob er das Entsetzen ins Holz schneidet, er setzt sich mit der Seelenwunde seiner Frau aktiv auseinander. Links ist eine Frau zu sehen, die von einem monsterhaft aussehenden Schergen an den Haaren gerissen wird. Im rechten Teil des als Diptychon gedachten Werkes ist das Opfer bereits mit einem Gitter an eine Wand geheftet, paralysiert, entsetzt, hilflos. Ihr Schrei ist erstickt.
Der Holzschneider komponiert Werke entlang des gemeinsamen Lebens, so beispielsweise zur Heirat 1953 die „Huldigung (Standesamt)"[19] und die drei Holzschnitte „Eros I–III"[20] sowie zu Riccas Geburt 1954 Graphiken wie „Mutter und Kind"[21] und die sein Vaterglück dokumentierenden Arbeiten „Baby I–III"[22].
Zentrale Werke Grieshabers fallen in die Fünfziger- und Sechzigerjahre – mit dem „Totentanz von Basel"[23] gelingt Grieshaber der internationale Durchbruch.
Auch jetzt ist Riccarda die starke intellektuelle Partnerin an seiner Seite. Ein ebenfalls unveröffentlichtes Foto[24] aus dieser Zeit ist ein Schnappschuss ins private Milieu, ein Augenblick einer Zweisamkeit, die bald schon ganz zu Ende sein wird: Da ist das Backsteininterieur

Riccarda Gregor-Grieshaber

Hier herrscht eine intellektuelle Atmosphäre: HAP und Riccarda 1966 – der „Totentanz von Basel" hängt im Hintergrund rechts.
Foto: Wölbing – van Dyck, Bielefeld/Privatbesitz Ricca Grieshaber

der Achalm, noch druckfrische „Totentanz"-Blätter im Hintergrund, vorne links Riccarda, rauchend mit Kopftuch, Rock und Bluse, bequemen Mokassins, in einem James-Eames-Klassikermöbel sitzend. Sie lächelt leicht, reibt sich mit Zigarettenhand das linke Auge. Dazwischen ein Tisch mit Cola, Kaffee, Bier. HAP sitzt rechts und schaut zu seiner Gattin, ein faunisches Grinsen liegt in seinem Gesicht. Riccarda wirkt müde, abgearbeitet, die Gartenerde klebt noch an ihren Schuhen. Grieshaber dagegen erscheint heiter, gelassen, verschmitzt, zu neuen Taten bereit. Bald schon wird eine andere Frau Riccardas Stelle einnehmen.

Das Bielefelder Foto lässt keinen Zweifel daran, dass Riccarda und HAP ein Paar sind, das auf gleicher geistiger „Augenhöhe" agiert und aufgrund der Parallelität des gelebten Lebens mit allen Härten und Entbehrungen über Erfahrungsinhalte verfügt, die ihnen letztendlich auch Reife und Stabilität sowie Widerstandkraft verliehen haben. Sie haben eine gemeinsame Schnittmenge, unauslöschbar, auch für Riccardas Nachfolgerinnen.

Riccarda Gregor-Grieshaber

Zum Schluss trat sie nur noch als gespielte Gattin auf – ein persönlicher Brief

In einem auf den 1. April 1969 datierten, unveröffentlichten Brief an die Freundin Elfriede Ehrlich schreibt Riccarda:
„Inzwischen ist der sechzigste Geburtstag von Grieshaber vorüber, der bis zum großen Bundesverdienstkreuz und Ehrenbürgerschaft so ziemlich alles von dem bot, was ein prominenter Sechziger nur haben kann. Ich mußte mehrmals als ‚Gattin' auftreten, was ich mit der Eleganz eines Skeletts tat, zu dem ich mich in einem Jahr hinabentwickelt habe. Abendkleid und große Roben, von der Achalm aus werde ich Ihnen Fotos schicken ..."[25]

Riccarda ist des Kämpfens müde und sie schreibt weiter: „Von der Achalm und ihren Problemen habe ich endlich einen gewissen Abstand gewonnen, man kann auch sagen bis zu einer gewissen Grenze klein beigegeben, nachgegeben dem Bedürfnis Gries', sein Uraltguthaben um sich zu behalten, weil er sich sonst so einsam fühlt (die neue Frau ist so extrem infantil, daß er in relativ anstrengende Rollen getrieben wird, die er bei mir nicht zu spielen brauchte und so Schluß machen, wie er sich das mal vorstellte, läßt die Süße mit sich auch nicht)."

Die „Süße" – damit ist die Stuttgarter Schriftstellerin Margarete Hannsmann gemeint, mit der Grieshaber in einen neuen Lebensabschnitt schreiten wird.

Achalm-Ambiente mit Ara, Bulldogge und Blumen: Riccarda beim Kochen in der Küche in den Sechzigerjahren.
Foto: Foto-Näher, Reutlingen/Privatbesitz Ricca Grieshaber

Riccarda Gregor-Grieshaber

Riccarda zieht zusammen mit ihrer Tochter Ricca ins Reutlinger Stadtzentrum an den „Weibermarkt". Im Schutze der gotischen Marienkirche – dem Wahrzeichen Reutlingens und dem oft interpretierten Motiv ihres Mannes – arbeitet sie an einem anderen, neuen Leben. In genialer „Trompe-l'Œil"-Manier, einer Malweise, bei der die Motive – Tiere und Pflanzen – täuschend echt wie auf einem Foto erscheinen, bemalt sie Möbel.[26]

„Wir mussten uns nun unser eigenes Paradies zurechtzimmern", erinnert sich Ricca Grieshaber.[27] Riccarda war es gewohnt, neu anzufangen und – zu verzeihen. Am 12. Mai 1981 stirbt HAP – in den Armen von Riccarda – sie selbst am 24. August 1985 in Reutlingen.

Hüterin des paradiesischen Gartens auf der Achalm und später nur noch „gespielte Gattin": Riccarda Ende der Sechzigerjahre mit Ara – einem beliebten Motiv in Grieshabers Holzschnittwelt – er taucht hier 1966 und 1971 auf.
Foto: Evelyn Hagenbeck, Hamburg/Privatbesitz Ricca Grieshaber

Anmerkungen

[1] Gregor-Grieshaber, Riccarda: Mit Kugelschreiber und Kochlöffel. Frankfurt am Main 1961, S. 9.

[2] Riccarda Gregor-Grieshaber Gemälde. Erschienen in der Reihe Bestandskataloge des Städtischen Kunstmuseums Spendhaus Reutlingen. Band VII. Reutlingen 2003. Auf der Achalm schlecht gelagert – kamen 56 Gemälde 1965 zu einer Einzelausstellung in die Stuttgarter Galerie Maerklin, um dann 1995 ihren endgültigen Platz im Reutlinger Spendhaus zu finden. Ursula Reinhardt (Galerie Schurr, Stuttgart) schenkte sie der Stadt.

[3] Vgl. dazu: Gregor-Grieshaber, Riccarda: Meine englischen Bulldoggen. O.O. 1963. Gregor-Grieshaber, Riccarda: Geschichten von kleinen Tieren. O.O. 1964. Gregor-

Grieshaber, Riccarda: Nora und Arno. O.O. 1964. Gregor-Grieshaber, Riccarda: Als ich Abschied nahm. Erinnerungen an Ostpreußen mit 36 Scherenschnitten. O.O. 1968. Zwei weitere Buchprojekte standen im Raum, fanden aber – bis jetzt – keine Verwirklichung. Unbedingt nennenswert ein handgeschriebenes, mit aquarellierten Tuschzeichnungen illustriertes Kinderbuch, das den Titel „Schlaraffenland" trägt und ein bibliophiles Einzelkunstwerk darstellt. Es befindet sich im Privatbesitz von Ricca.

[4] Riccarda Gregor-Grieshaber Gemälde: Bestandskataloge Spendhaus, Band VII, S. 28.

[5] Foto reproduziert in: Gregor-Grieshaber: Mit Kugelschreiber und Kochlöffel, S. 104.

[6] Foto reproduziert in: Warncke, Carsten-Peter: Pablo Picasso 1881–1973. Band II. Köln 1991, S. 717.

[7] Pan, Satyr und Faun werden sowohl bei Picasso als auch bei Grieshaber als sexuelles Motiv thematisiert bzw. schlüpfen beide in die Rolle der mythologischen Figuren. Picassos „Kentaur und Bacchantin" ist ein autobiographisches Werk, die weibliche Figur trägt porträthafte Züge der Malerin Françoise Gilot, die 1946 Picassos Geliebte wurde. Grieshabers „Pan"-Lithos der „Rauhen Alb" von 1968 deuten auf den leidenschaftlichen Beginn einer neuen Liebe hin: In der Rolle des liebestollen „Pan" (Grieshaber) stellt er seiner Nymphe (Margarete Hannsmann) nach. Vgl. dazu: Die rauhe Alb. 13 Holzschnitte. 20 Lithografien. Fürst-WV, Band 2, 68/63–94.

[8] Grieshaber Bernstein Karlsruhe. Ausstellung der Kreis-Kunst-Sammlung vom 3. Mai 1993 bis 29. Mai 1993 im Landratsamt Esslingen vom 8. Oktober 1993 bis 5. November 1993 im Kunstverein Singen. Städtisches Kunstmuseum Singen/Hohentwiel. Esslingen 1993, S. 6.

[9] Grieshaber Bernstein Karlsruhe. Esslingen 1993, S. 6. Im Katalog ist die „Bernstein"-Zeit Grieshabers dokumentiert, gerade auch das Scheitern dieses Projektes, das zuletzt vom Verfassungsschutz beobachtet wird.

[10] Riccarda Gregor-Grieshaber Gemälde: Bestandskataloge Spendhaus, Band VII, S. 22.

[11] Vgl. dazu: Meine Mutter (1907–1985), ein Erinnerungsbericht von Nani Croze-Grieshaber; in: Riccarda Gregor-Grieshaber Gemälde; Bestandskataloge Spendhaus, Band VII, S. 27.

[12] Vgl. „Schmerzensbild", Fürst-WV, Band 2, 52/5. Grieshaber verarbeitet diese Vergewaltigung in einem Holzschnitt 1952.

[13] Zitiert nach: Meine Mutter (1907–1985), ein Erinnerungsbericht von Nani Croze-Grieshaber; in: Riccarda Gregor-Grieshaber Gemälde: Bestandskataloge Spendhaus, Band VII, S. 27.

[14] Riccarda Gregor-Grieshaber Gemälde: Bestandskataloge Spendhaus, S. 12.

[15] Riccarda Gregor-Grieshaber Gemälde: Bestandskataloge Spendhaus, S. 16.

[16] Gregor-Grieshaber: Mit Kugelschreiber und Kochlöffel, S. 18.

[17] Leica-Aufnahme von Foto-Näher/Nr. 5892/18. Besitz Ricca Grieshaber.
[18] Gesprächsprotokoll mit Ricca Grieshaber vom 06.02.2006 auf der Achalm in Reutlingen.
[19] Fürst-WV, Band 2, 53/9.
[20] Fürst-WV, Band 2, 53/10–12.
[21] Fürst-WV, Band 2, 54/8.
[22] Fürst-WV, Band 2, 54/10–12.
[23] Fürst-WV, Band 2, 66/140.
[24] Foto Wölbing – van Dyck, Bielefeld. Besitz Ricca Grieshaber.
[25] Ricca Grieshaber identifiziert die Person als die Freundin ihrer Mutter, Elfriede Ehrlich aus Saarbrücken. Der Brief befindet sich im Privatbesitz von Ricca Grieshaber.
[26] Vgl. Riccarda Gregor-Grieshaber: Gemalte Poesie auf Möbel. Baden-Baden und Stuttgart 1978.
[27] Gesprächsprotokoll mit Ricca Grieshaber vom 06.02.2006 auf der Achalm in Reutlingen.

Margarete Hannsmann

Es scheint, als ob sie aufeinander gewartet hätten, der Holzschneider und die Lyrikerin. Man schreibt den 16. August 1967 und Margarete Hannsmann fährt zusammen mit ihrem schriftstellernden Partner Johannes Poethen auf die Achalm. Hinauf zum „Alten am Berg", um Holzschnitte für Poethens Gedichte zu bekommen, damit sich die Bücher besser verkaufen lassen. Schon Anfang der Sechzigerjahre gibt Grieshaber zu dessen „Episode mit Antifanta" sechs Silberstiftzeichnungen.[1] Wird er sie wieder unterstützen, Holzschnitte schneiden, damit das Buch „schön" wird?
Margarethe ist gerade mit Johannes aus Kreta zurückgekehrt. Sie ist trunken an Eindrücken; bereit und offen begegnet sie dem – Avancen machenden – Grieshaber. Da sind die weidenden Schafe unterhalb des kretisch anmutenden Berges Achalm. Flirrende Hitze. Grieshabers „Garten der Sinne" voller exotischer Pflanzen, duftenden Kräutern, Blumen, wildem Wein, bizarrem Rankwerk in allen Farben. Pferde, Esel, die zum Ausritt bereitstehen. Gemächlich ist das vietnamesische Hängebauchschwein unterwegs. Blau blitzen die Augen der Siamkatzen, das Gefieder des Aras schillert in Edelsteinfarben. Und inmitten dieses arkadischen Hains stolziert ein Pfau und schlägt sein Rad – um zu werben.
Sie spürt mit ihm, dem Holzschneider, sie will in die mythologische Welt Arkadiens und ihrer Gegensätze eintauchen.
Was für ein Abenteuer! Zwei reife Menschen – Margarete und Grieshaber – brechen auf zu neuen Ufern der Liebe und Leidenschaft.
Der Pfau gerät zum Fleisch gewordenen Sinnbild einer fruchtbaren, alle Höhen und Tiefen durchlebenden Liebesbeziehung zwischen HAP und Margarete.
„Pfauenschrei"[2] nennt sie ihren nach dem Tode des Künstlers verfassten Roman, in dem sie die gemeinsamen Jahre retrospektiv lyrisch und einfühlsam beleuchtet.
Was hat es mit dem Pfau auf sich? Warum stellt ihn Margarete in den Brennstrahl ihrer Reflexionen?
Der Schrei des Pfaus hat seine fest definierte Bedeutung. Aus naturwissenschaftlich-religiöser Sicht des „Physiologus" erfreut sich der

prächtige Vogel seiner überaus beeindruckenden Schönheit, „schreit aber beim Anblick seiner hässlichen Füße wie der Mensch wegen seiner Sünden".[3]

Licht und Schatten stehen als Paar nebeneinander. Wie sieht dieses Spiel der Gegensätze aus? Wie ist diese Partnerschaft wirklich? Warum schafft es gerade Margarete Hannsmann, die Grieshaber-Anhängerschaft in zwei Lager zu spalten, sogar noch lange nach dessen Tod? Was hat sie, die Hannsmann, was die anderen Frauen bisher nicht hatten?[4]

Ist sie für ihn die große, lang ersehnte Liebe?

Margarete: nach Ansicht Riccardas eine „infantile" Frau?

Marguerite, das war eine Reisebegleitung, Genossin innerhalb einer bohemienartig gelebten Liaison, sie unterstützte ihn vielleicht gerade auch in wirtschaftlich schwieriger Zeit.

Lena, über sie breitete HAP die schützenden Flügel. Er nahm sie mehr aus Mitleid als aus Leidenschaft auf.

Riccarda war die intellektuell reife Frau, die ihm den künstlerischen Weg bahnte, seine Karriere nach vorne bewegte – die Mutter seines einzigen leiblichen Kindes. Damit schenkte sie ihm das wohl größte Erlebnis, das er als Mensch haben konnte.

1967 macht Riccarda Platz für die Hannsmann, eine aus ihrer Sicht „infantil" wirkende Nachfolgerin.

Wie unterscheidet sie sich von all den anderen Frauen an Grieshabers Seite? Ist sie eine spezielle Antipodin, die in bisher unbekannte Tiefen seiner Seele vordringt?

Lena und Riccarda – sie entsprechen von ihrer Erscheinung her einem strengen, klaren Formkanon, symbolisieren eher den Norden, die Luft und die See, lassen an Skandinavien, an Mitternachtssonne, an kühle Wälder denken. Lena muss die Bürde eines von Widerwärtigkeiten geprägten Lebens bis zum Schluss tragen, Riccardas Schicksalsjahre – Krieg, Flucht, Vergewaltigung – sind ihr ins Gesicht geschrieben. Da sind Spuren, die sich mit dem Ausdruck von Würde, Intelligenz und der Entschlossenheit, immer wieder neu anzufangen, vereinen. Sie, die an der Ostsee aufwuchs und das Meer liebt, stand wie ein Fels in der Brandung an Grieshabers Seite. Bis zuletzt – noch während er schon mit Margarete zusammen ist – „spielte sie die Gattin", des Kindes wegen und vielleicht auch, weil es Grieshaber so wollte.

Margarete verkörpert den „Süden"

Als Margarete im August auf die Achalm kommt, reißen für alle Beteiligten die Welten auseinander. Der Holzschneider lebt mit Riccarda, seiner zweiten Frau, und der gemeinsamen Tochter Ricca zusammen. Riccarda versorgt Garten, Tiere, die Tochter, den Mann, die Gäste. Sie backt, kocht und putzt! Gleich einer edlen Dienerin!
Da trifft die Februargeborene Margarete auf den 12 Jahre älteren Februargeborenen HAP. Er, ein gut aussehender, erotisch wirkender Endfünfziger, ein berühmter Künstler, auratisch, charismatisch, perfekt gehalten durch ein ungewöhnliches, verzauberndes Umfeld.
Gleich einem Pan, ein Hirtengott in einem idyllischen Ambiente. Faunisch, verschmitzt, alle Impulse aufsaugend, scharfsinnig. Sein Gegenüber avisierend. Fesselnd. Packend.

Gemeinsam leben sie die griechische Mythologie, er ist Pan und sie ist die Nymphe Syrinx. Sie befruchten sich auch künstlerisch. Foto: GEA-Archiv (1977)

Sie ist die Lyrikerin, beheimatet in der griechischen Mythologie, sie sucht im ganz normalen Leben deren Symbolhaftigkeit. Grenzenlose Assoziationen zu einem Begriff, ihre Fantasie uferlos. Sie fängt jeden Ball auf, den ihr Grieshaber zuwirft. Sie ist ein „offenes System", spricht die gleiche Sprache wie er. Als sie sich treffen, steht der Künstler im Zenit seines Künstlerlebens. Der „Totentanz von Basel" bringt ihm größtes Ansehen, er ist international bekannt. Margarete, zweifache Mutter, eine weiche, weiblich erotische Frau mit klugen Augen und einem konsequent getragenen Lächeln. Das lässt sie auch in schweren Zeiten überleben.

Sie hat Schicksalsschläge erlitten, muss zahlreiche „Torturen", Fehlgeburten verkraften, verliert früh den Mann, hat finanzielle Not, geht in den Fünfzigerjahren mit Lehr- und Lernmitteln in den Schulen hausieren.[5]

Sie ist ein Kenner der Materie, die da heißt: Überlebenskampf, hat die Motivation weiterzumachen. Wie Grieshaber.

Margarete wird sein Süden, für viele Jahre sein immer sprudelnder Quell der Inspiration und schöpferisches, unterstützendes Pendant. Später ist sie sein Chauffeur, über zwanzigmal in die DDR, kreuz und quer. Sie besuchen Schriftsteller wie Sarah Kirsch, Franz Fühmann, Volker Braun. Margarete begleitet ihn – bis zur völligen Erschöpfung.

Der Funke der Liebe springt über!

Margarete Hannsmann ist Schwäbin, geboren am 10. Februar 1921 in Heidenheim an der Brenz. Dort wächst sie auch auf. Sie besitzt wie Grieshaber die bittere Erfahrung des Dritten Reiches, kämpft sich durch für ihre Begabung, geht auf die Schauspielschule, spielt Fronttheater. Sie heiratet, bekommt Kinder. Ihr erster Mann Heinrich wird als politischer Journalist mit Berufsverbot belegt. 1958 stirbt er. Margarete steht mit den Kindern Cornelius und Claudia alleine. Da begegnet sie Johannes Poethen, dem Dichter und Träger des Hugo-Jakob-Dichterpreises. Er hat bei berühmten Tübinger Lehrern wie Walter F. Otto und Karl Kerényi studiert, beide Religionswissenschaftler, die die Götterlehre der Griechen in den Mittelpunkt ihrer

Betrachtungen stellen. Mit Poethen fährt Margarete alle zwei Jahre für sechs Wochen nach Griechenland.
Er ist „Griechenland besessen" und auch sie selbst liebt Griechenland. Schon als Kind liest sie Homer.
Margarete Hannsmann schreibt nicht nur als Lyrikerin, sie ist auch journalistisch tätig. Sie bespricht Bücher, veröffentlicht Kulturberichte. 1964 gibt sie die Gedichte „Tauch in den Stein", im gleichen Jahr ihren Roman „Drei Tage in C. – Kindheitserinnerungen in Nazideutschland" – heraus. Lyrik wie „Zerbrich die Sonnenschaufel" entsteht 1966.[6]
Margarete kommt nicht mit leeren Händen auf die Achalm! Sie zeigt Selbstbewusstsein! Sie wirbt für Poethen!
Und dennoch: Sie erhält eine Abfuhr. Zunächst!
Denn Grieshaber gibt keine Holzschnitte mehr für Bücher.
Er weiß, dass die Kunstsammler diese des Geldes wegen herausnehmen und die Gedichte wegwerfen.
Margarete ist hin- und hergerissen! Sie will eigentlich trotzig abfahren! Gleichzeitig ist sie sofort fasziniert von diesem außergewöhnlichen Menschen.
Und Grieshaber? Es reizt ihn, dass diese Frau so entschieden reagiert, sich dem großen Oheim nicht anbiedert, nicht um seine Gunst bettelt. Das gefällt ihm und er lenkt ein, er beginnt den „Faden der Verführung" zu spinnen.
Grieshaber hat eine andere Idee: „Der Engel von Hellas", ein „Engel der Geschichte". Es ist eine politische Zeitschrift, mit der Grieshaber politisches Unrecht beklagt und im konkreten Fall die Diktatur in Griechenland anprangert. Johannes Poethen und Margarete geben die Texte, Grieshaber schneidet die Holzschnitte dazu.[7]
Das Netz ist ausgeworfen, der Grundstein gelegt.
Der Funke der Liebe wird eine über ein Jahrzehnt andauernde Liebesbeziehung entzünden. Er wird vieles um Grieshaber herum verbrennen.
Poethen erkennt diesen Impuls, noch bevor ihn Margarete selbst wahrnimmt. Als sie nach jenem ersten schicksalsbehafteten Besuch auf der Achalm wieder im Auto sitzen, prophezeit Johannes: „Dich will er haben. Und zwar sofort. Und für immer."
Margarete antwortet mit einer Ohrfeige.[8]

Margarete Hannsmann

Riccardas Abschied und Margaretes Ankunft

Grieshabers Frau und Tochter räumen bald das Feld; sie spüren die Stimmung, sind sensibel genug, Grieshaber nicht aufzuhalten auf seinem Weg in einen neuen Lebensabschnitt. Sie ziehen aus, in die Stadt. Dieses Mal ist es anders – Frau und Kind müssen gehen. Es bleibt nicht eine allein zurück – wie zuvor Lena.
Wieder Schmerz und Trauer auf der einen, Freude und Neubeginn auf der anderen Seite.
Dennoch: Es gibt keine Hässlichkeiten, wie Ricca, die gemeinsame Tochter, sich heute noch erinnert, auch wenn sie vieles verdrängt hat. Heute hat sie mit Margarete Hannsmann ein ordentliches Verhältnis. Sie telefonieren in regelmäßigen Abständen. Margarete, die sehr krank ist, hat mit Grieshaber abgeschlossen. Sie will nichts mehr von ihm wissen.[9]
Es ist die Liebe zu Griechenland, die das Band zwischen Margarete und HAP entstehen ließ. Und dieses Band hält. Beide, die Lyrikerin und der Künstler, suchen den „gelebten Mythos", die Erzählungen und die Fabeln der Göttergeschichten im Alltag.
Warum? Welche Bedeutung verbirgt sich hinter dem Begriff „Mythos"?

„Der Mythos enthält die religiös gefärbte Darstellung von Vorgängen aus dem Natur- und Weltleben und der Weltwerdung unter dem Bilde menschlicher Gestalten oder eines in menschlicher Art dargestellten Tuns und Leidens, wobei die Wesen, die Natur- und Geisteskräfte der Welt als Götter und Helden erscheinen."[10]

1977 reist HAP Grieshaber in Begleitung von Margarete Hannsmann nach Athen und präsentiert die „Mahnbilder für die Freiheit und die Menschenrechte".
Foto: Ricca Grieshaber/Privatbesitz
Ricca Grieshaber

Das klingt kompliziert, ist jedoch die Essenz dessen, was HAP und Margarete transportieren wollen: Metaphysische Inhalte „besser, leichter, eindringlicher vergegenwärtigen" zu können. Dinge, die sonst nur schwer und langwierig zu erklären wären, können mit einem Bild, einer Geschichte erklärt werden. Einfach, verständlich und direkt.

In der Figur des Pan beispielsweise übermittelt Grieshaber dem Betrachter einen ersten Eindruck und vieldeutbaren Inhalt:

Pan ist ein sympathisches Wesen oder – so interpretiert es der klassisch geschulte Rezipient – ein „Gott des Weidelandes, der Schaf- und Ziegenherde". Dieser Pan besitzt eine „enge Beziehung zu Arkadien", agiert als „agrarischer Gott", dann wieder als „liebestoll", den Nymphen nachstellendes Wesen.

„Am meisten zürnte er, wenn man ihn im Schlaf störte, sei es nachts oder mittags." Und weiter: „Pan soll auch die gegen die Götter kämpfenden Giganten in Panik versetzt haben." Die Römer schließlich sehen in Pan ihren Waldgott Silvanus und Faunus.

Pan ist Grieshaber und Grieshaber ist Pan, das zeigen fünf Jahrzehnte seines Werkes. Margarete kommt 1967 als Verstärkung dazu. Sie ist seine Nymphe, die Tochter des Zeus. Nach althergebrachter Vorstellung gelten diese Naturgöttinnen als unsterbliche Gesellinnen von Göttern wie Hermes, Appollon, Artemis, Dionysos und – Pan.[11]

HAP und Margarete als Pan und Nymphe

Grieshaber erscheint als „Pan im Tannenwald"[12] und Pan bleibt bis zuletzt sein Signet. Sein gesamtes Œuvre ist durchwirkt von Sujets griechischer Mythen. Margarete Hannsmanns schriftstellerische Arbeit geht ab dem Jahr 1967 mit Grieshabers Werk eine Symbiose ein. Stellvertretend für die zahlreichen „Coproduktionen" sei „Grob, fein & göttlich" von 1969[13] genannt, eine Ode an die gemeinsame Zeit.

Margarete schreibt: „Du bist für mich/ich bin für dich/Wind der durch Gräser fährt/staubloses Grün/ein Dornbusch/an dem die Beeren reifen."

Pan und Nymphe, das sind Grieshaber und Hannsmann. Sie verschmelzen in ursprünglicher Nacktheit mit einer griechisch wirkenden

Landschaft, der Schwäbischen Alb, deren Schafherden, Wacholderheiden und kalkige Jurafelsen dieses arkadische Gefühl hervorrufen. Die Holzschnitte mit den heiteren Paardarstellungen drücken kindliche, naiv erlebte Freude aus. Frischverliebtes Glück – der Leser, Betrachter darf teilhaben. Doch beide, Margarete und HAP, sind nicht blauäugig. Der Schrei des Pfauen ist zu hören: Umweltzerstörung durch Tourismus und militärische Übung gefährden den Frieden.
Es entsteht eine Konstellation, die zu mehr als einer Liebesbeziehung wird. Beide leben das, was in ihren Bildern und Texten sichtbar wird. Beide sind sie wie ein Gewebe, Margarete der Faden, Grieshaber das Schiffchen. Er spielt wie auf einer Klaviatur und erzeugt Musik, Töne. Grieshaber hat sein zweites Alter Ego gefunden.
Was aber hatte Margarete, das Riccarda nicht hatte?
Ist es ihr „offenes System"?
Rudolf Mayer, Lektor beim Verlag VEB Buch und Kunst in Dresden, mit dem Grieshaber in dem Jahr, als Margarete dem Holzschneider begegnet, den „Totentanz" herausgibt, erinnert sich:
„Natürlich war Frau Hannsmann jünger. Und außerdem hatte Riccarda ihre eigene Welt, schrieb ihre eigenen Bücher, malte ihre eigenen Bilder", so Mayer. Grieshaber – „er brauchte Frauen, die Hochspannung in laufenden Dingen". Nach seiner Beurteilung hat es „um Grieshaber herum nie eine sichere Situation gegeben". Natürlich sei „alles schwer durchschaubar gewesen, letztendlich wusste man nicht einmal, welche Frauen nun wo wohnten".[14]
Mayer beschreibt die Konstellation Grieshaber – Margarete – Riccarda und die Beziehung des Künstlers zu Frauen allgemein als „kompliziert und schwierig". Dennoch ist er sich sicher, dass es diese Offenheit, dieses symbiotische Verschmelzen-Wollen von Margarete ist, die Grieshaber erspürt und nutzt. Sie sei für seine Ideen und die Umsetzung von Themen stets zugänglich gewesen.

Grieshaber: Steuermann in der Beziehung?

Dieses „offene System" und die „Formbarkeit" von Margarete Hannsmann – lösen diese Charaktermerkmale die Initialzündung zu einer intensiv in Wort und Bild, in Körper und Seele gelebten Liebe aus?

Gerade hier gerät der Begriff des gelebten Mythos wieder in den Mittelpunkt.
Das ist die Geschichte der Syrinx, Gefährtin des Pan, der ihr verliebt nachstellt. Und sie, um sich zu retten, verwandelt sich in Schilfrohr. Pan schneidet aus diesem Schilfrohr seine Flöte, die Panflöte. Es ist die Geburtsstunde der Musik. Die Verwandlung der Nymphe trägt in symbiotischer Auseinandersetzung mit dem Hirtengott Pan Früchte. Früchte, die die Nachwelt ernten darf: Bilder. Texte. Holzschnitte.
Margarete selbst ist es, die Grieshaber als den Mann mit der Flöte definiert und die alternierend auftauchenden „musikalischen Themen" in dessen Œuvre hervorhebt. Margarete verweist auf den ersten Malbrief, den Grieshaber ihr schickt, verfasst am letzten Augusttag 1967. Und sie beschreibt in diesem Bild „Grieshaber selbst, in Abendfarben", der „mit der einen Hand das Ruder, das Steuer" halte und mit der anderen „die Flöte" spiele: „Noch ahnte ich kaum die Symbolik."[15]
Hat Grieshaber „das Steuer in der Hand", ist sie „nur" die „Flöte", auf der er spielt? Nun, mit keiner anderen Frau vorher arbeitet HAP Grieshaber künstlerisch so intensiv zusammen, mit keiner anderen steht er so in einem sich gegenseitig befruchtenden Austausch.

Die Dichterin ist selbstbewusst. Foto: GEA-Archiv (1991)

Dieser Austausch nimmt sichtbar Kontur an in Mappenwerken, Büchern, Ausstellungen, Malbriefen, Reisen nach Griechenland und in die DDR.

Margarete ist an Grieshabers Seite. Sie erntet wie er die Früchte des Erfolgs, sie steht nicht im Schatten des Holzschneiders. Sie ist mehr als nur Wegbegleiterin.[16]

Erreicht sie Akzeptanz, erfährt sie Glück?

Die absolute Wahrheit bleibt verborgen. Als Fakt stehen die unzähligen Graphiken, die ihre Liebe dokumentieren, die Pan- und Nymphenbilder aus „Grob, fein & göttlich", die erotischen Paarmotive aus „Die rauhe Alb"[17] oder die vielen Balladen Grieshabers an Margarete, formuliert in Wort und Bild, in den „Malbriefen"[18]. Sie meinen sich selbst. Sie erscheinen als Visionen, vielleicht auch eingelöste Wünsche zweier Verliebter. Bei ihrer Betrachtung lösen sie Heiterkeit aus.

Und da sind Hannsmanns eigene Niederschriften, der „Pfauenschrei": Das Buch ist eine lyrische, allegorisch verpackte Dokumentation der Grieshaber'schen Vita, gibt Einblick in ein Künstlerleben, das faszinierend, aber auch unglaublich anstrengend ist. An seiner Seite kann sie kaum Luft holen. Sie verarbeitet die Jahre mit HAP Grieshaber.

Sie erzählt von ihren intellektuellen Diskursen, den seelisch und körperlich anstrengenden Reisen, der primitiven Lebenshaltung auf der Achalm, den Anfeindungen von außen, die Margarete schmerzlich erfahren muss. Sie ist die „Geliebte" genauso wie die ungeliebte Nebenbuhlerin, die Gattin und Tochter verdrängt. Es ist ein Kampf mit den Schlangen, eine Fahrt vorbei an Skylla und Charybdis, durch Strudel und Gefahren.

Liebe und Leid: Eros und Tod wärmen sich gegenseitig

Bedroht wird die Beziehung permanent durch HAPs Gesundheitszustand. Alkohol, Zigaretten, Medikamente ruinieren seine Physis. Nicht nur seit dem „Totentanz von Basel" ist der „Gevatter mit der Sense" Gast in seinem Holzschneideatelier. Aber HAP kann ihn noch immer erfolgreich aus seiner Werkstatt vertreiben.

Dennoch: Tod und Eros stehen als Liebespaar in dieser Zeit beisammen, wärmen sich gegenseitig. Im Juli 1968 sendet er seiner Margarete fast täglich Berichte seiner aktuellen Arbeit und seines körperlichen Zustandes. Sie lesen sich unter anderem wie pharmazeutische Bestandslisten: Am 19. Juli stenographiert er: „Holzschnitt (Farbplatte) Kreuzweg um zu sehen, ob getuscht besser ist. ... Abends Herzkollaps. ... Schwere Spritze z. Schlafen, hilft aber nicht. Magen lehnt Medikamente ab. Magen leer gepumpt. Angst vor tierischer Angst und vor den Krämpfen, sonst einverstanden mit dem Tod!" Einen Tag später liest man: „Dr. bringt Zäpfchen und Kompensan f. d. Magen. Schmerzen bleiben. Prof. Seitz kommt von K'ruhe. Trotz Fieber gehe mit ihm den Achalmweg." Am 21. Juli ist es besonders schlimm: „Schmerzen. Auch Magen. Kardiazol muss 10 Min. drin bleiben. Bleibt nicht! ..." Der Doktor geht ständig ein und aus im Haus des Künstlers, der gerade den Antigone-Engel schneidet, am Rande seiner Kraft wandelt: „Bin zu elend, kann nicht stehen. ... . Der Kanonenschuß vom Hausarzt (...) Valium genommen. Schaue durch den Regenvorhang nach einem Zelt im Irgendwo. Schlafen ... schlafen. Atu combin, Sedapersantin, Spasmo Cibalgin, Cardiazol. 16 h (...) Dr. K. verreist, darum heute keine Spritze. Werde später, wenn es nicht mehr so weh tut, einige Schritte ums Haus machen. Heute 21.7.68 zum erstenmal nicht rasiert. Maschine caput, nix Kraft. L'esprit travaille toujours. ... Zigarette 2, 3 Züge."[19]

Jetzt ist die Beziehung zwischen Grieshaber und Margarete definiert von Leidenschaft und Leiden. Erotik und Tod geben sich die Hand.[20] Permanent steht auch noch eine bedrohliche Wolke über der Achalm. Für die Schriftstellerin ist es Riccarda, die ihren Schatten ausbreitet. Im „Pfauenschrei" vergleicht sie die gestrenge Gattin, die sich als Möbelmalerin eine eigene Existenz aufbaut, mit Kirke und die Achalm mit Aia.[21]

Kirke, die Tochter des Sonnengottes Helios und der Okeanide Perse, ist eine mächtige Zauberin, die alle ihre Feinde um sie herum in Tiere verwandelt. Selbst der listenreiche Odysseus, Eroberer Trojas, lässt sich von ihr verführen und darf sie erst dann verlassen, wenn er vorher ins Totenreich hinabsteigt.[22]

Der Geliebte muss – um frei zu sein für eine andere – erst durch die Hölle.

War es die Hölle für Grieshaber? Nun, Riccarda und Ricca ziehen mehr oder weniger freiwillig aus, bleiben aber als Schatten im Hintergrund, zurückhaltend, nicht klagend, das Ausgestoßensein annehmend. Noch immer versorgt die Malerin den Haushalt auf der Achalm, ist gegenwärtig – bis zu seinem Tod – er stirbt in Riccardas Armen. Sie bleibt – zusammen mit Ricca – bis zum Schluss Grieshabers Fels in der Brandung und atmosphärisch präsent.

Ist das für die Liebenden Margarete und HAP die Hölle, das Totenreich, in das Odysseus hinabsteigen muss, um sein Opfer darzubringen? Wäre es nicht leichter, wenn die anderen Gegenwehr erzeugen, actio und reactio ein Gleichgewicht der Schuld bilden würden? Die Antwort bleibt ungewiss, der Mythos lebendig.

Auch für Margarete wird sich 1978 das Leben noch einmal verdunkeln. Eine neue Frau kreuzt Grieshabers Weg und wird ihr einen Kreuzweg bereiten: Jutta Lüttke, die letzte Gefährtin Grieshabers.

Anmerkungen

[1] Poethen, Johannes: Episode mit Antifanta. Mit sechs Silberstiftzeichnungen von HAP Grieshaber, Stierstadt im Taunus. Verlag Eremitenpresse 1961–1962. 111 nummerierte sowie 39 unnummerierte Exemplare.

[2] Hannsmann, Margarete: Pfauenschrei. Die Jahre mit HAP Grieshaber. München und Hamburg 1986.

[3] Sachs, Hannelore; Badstübner, Ernst; Neumann, Helga: Erklärendes Wörterbuch zur Christlichen Kunst. Hanau o. J., S. 282, S. 286.

[4] Ein schwerwiegender Konflikt zwischen der Managerin HAP Grieshabers – Margot Fürst aus Stuttgart – und Hannsmann gipfelt in einer Niederschrift. Vgl. dazu: Hannsmann, Margarete: Aide-mémoire. Adressiert an die Mitglieder des Freundeskreises HAP Grieshaber. Stuttgart 1992. Es geht dabei um Kompetenzstreitigkeiten hinsichtlich der Verwaltung des Grieshaber'schen Nachlasses, des Publikationsmodus sowie der Interpretation seines Œuvres. Schon zu Lebzeiten des Künstlers stellt sich das Verhältnis zwischen Fürst und Hannsmann als sehr problematisch dar.

[5] Hannsmann, Margarete: Tagebuch meines Alterns. München 1998, S. 168.

[6] Hannsmann, Margarete: Tauch in den Stein. Gedichte. Darmstadt 1964.
Dies.: Maquis im Nirgendwo. Gedichte. Darmstadt 1966.
Dies.: Zerbrich die Sonnenschaufel. Gedichte. Stuttgart 1966.
Dies.: Drei Tage in C. Roman. München 1964.

[7] Engel der Geschichte Nr. 8. Johannes Poethen: „Brief aus dem Labyrinth", Margarete Hannsmann: „Zwischen Urne und Stier", Holzschnitte von HAP Grieshaber, Zinkätzung von Rudolf Hoflehner. Herausgegeben von HAP Grieshaber. Manuspresse, Stuttgart 1967.

[8] Hannsmann: Pfauenschrei, S. 18.
[9] Gesprächsprotokoll mit Ricca Grieshaber am 22.05.2006.
[10] Hoffmeister, Johannes: Wörterbuch der philosophischen Begriffe. Hamburg 1955, S. 418f.
[11] Grant, Michael und Hazel, John: Lexikon der antiken Mythen und Gestalten. München 1989, S. 296, 318–319. Als Standardwerk mythologischer Quellen verweise ich auf: Publius Ovidius Naso: Metamorphosen. Herausgegeben und übersetzt von Gerhard Fink. Düsseldorf und Zürich 2004.
[12] Fürst-WV, Band 1, 39/1. Grieshaber schneidet, obwohl er Arbeits- und Ausstellungsverbot hat, einen friedlich dreinblickenden „Pan im Tannenwald", der ein Gegenbild zum aktuellen Anlass darstellt: der Überfall auf Polen, der Ausbruch des II. Weltkriegs. Pan taucht nach der mythologischen Vorstellung immer dann auf, wenn sein Schlaf, sein Frieden gestört ist.
[13] Hannsmann, Margarete, und Grieshaber, HAP: Grob, fein & göttlich. 40 Holzschnitte und Texte – Fürst-WV, Band 2, 69/52–89.
[14] Gesprächsprotokoll mit Rudolf Mayer am 04.07.2006.
[15] Hannsmann, Margarete: Grieshabers musikalische Themen. Eine persönliche Erinnerung; in: HAP Grieshaber 1909–1981. Musik im Bild 1933–1981. Aquarelle, Gouachen, Zeichnungen, Holzschnitte und Lithografien. Eine Ausstellung des Kunstkreises Marbach am Neckar zum 80. Geburtstag 1989, S. 4f.
[16] Vgl. dazu HAP Grieshaber. Texte und Bestandskatalog von Petra von Olschowski. Mit Beiträgen von Margot Fürst, Ulrike Gauss, Andreas Schalhorn. Bibliographie von Gerhard Fichtner. Staatsgalerie Stuttgart 24.7.–17.10.1999. Graphische Sammlung. Das Kapitel 2 umfasst Grieshabers Bücher mit Dichtern und Künstlern und verweist ebenfalls auf die gemeinsamen Werke mit Margarete Hannsmann. Der Überblick ist chronologisch geordnet.
[17] Fürst-WV, Band 2, 68/63–94.
[18] Hannsmann: Pfauenschrei, S. 502. Hier ist eine kleine Auswahl aufgelistet.
[19] Grieshaberbriefe vom 19., 20., 21. Juli 1968 an Margarete Hannsmann; in: Hannsmann: Pfauenschrei, S. 131–133. Die Texte sind als zusammenhängendes Konvolut zitiert, der Einfachheit halber in gekürzter, optisch leicht veränderter Form, da ein Originalabdruck aus rechtlichen Gründen schwierig geworden wäre.
[20] Während der Recherche zu meinem Buch „Im Augenblick der Gefahr" besuchte ich Frau Hannsmann mehrere Male in ihrem Haus am Stuttgarter Weinberg und erhielt – unter dem Blickwinkel einer spezifischen Fragestellung – sachdienliche Hinweise zum Werk. Daneben standen sehr persönlich geführte Gespräche, in denen sich Margarete Hannsmann als eine aufgeschlossene, hilfsbereite und engagierte „Mitarbeiterin" erwies, die durch ihre schonungslose Ehrlichkeit in der Schilderung ihres Lebens an Grieshabers Seite Authentizität vermittelte.
[21] Hannsmann: Pfauenschrei, S. 18.
[22] Grant/Hazel: Lexikon der antiken Mythen und Gestalten, S. 246f.

Jutta Lüttke

„Die Liebe ist ein Hemd aus Feuer"

Grieshaber schneidet 1977 nach einem Titel des Dichters Nazim Hikmet die 13-teilige Serie „Die Liebe ist ein Hemd aus Feuer"[1]. Die Bilder zeigen Paare beim Liebesspiel in ekstatischen Posen, wilder Gebärdensprache. Sie küssen, drücken, umarmen, streicheln sich. Die Glut der Liebe jener Paare hat eine den Betrachter gefangen nehmende Bilddynamik. Doch welche Liebenden meint er?
Ist er es selbst und Margarete, der lüsterne Pan und seine Nymphe, so wie in dem Graphikzyklus „Grob, fein & göttlich" beschrieben?
Noch ist er mit Margarete Hannsmann zusammen, zehn Jahre schon hält die Beziehung – von außen betrachtet jedenfalls. Gerade erst kehren der Holzschneider und die Schriftstellerin aus Berlin zurück, wo Grieshaber zuvor seine Ausstellung mit Themen rund um den südamerikanischen Lyriker und Emigranten Pablo Neruda in der Kunsthalle eröffnete. Margarete kommt auf die Achalm in Eningen, wo sie während ihrer gemeinsamen Zeit mit Grieshaber immer nur sporadisch wohnt. Ihren ersten Wohnsitz in Stuttgart behält sie. Bei ihrer Rückkehr aus Berlin wird sie vor vollendete Tatsachen gestellt. Eine andere Frau, Jutta, nimmt ihren Platz ein. Margarete Hannsmann beschreibt ihre Situation in dem Roman „Pfauenschrei – die Jahre mit HAP Grieshaber" folgendermaßen:
„Hatte ich zu lang von den Frauen geschwärmt, den jungen, schönen, gescheiten? Auf der Achalm wurde mir ein schwarzer Willkomm bereitet: Liebespaare an allen Wänden. Halblebensgroß ... Ich starrte die sich Umschlingenden an. Zum ersten Mal sah ich: das ist nicht mehr mein Hals, das sind nicht meine Arme, Beine, Brüste, Hüfte, dieser Körper ist meiner nicht."
Und Grieshaber selbst ist es, der ihr grausame Gewissheit gibt:
„Ja, sagte Andreas, du hast recht. Er hatte meinen Blick gelesen. Ich hab mich verliebt. Es ist nicht wichtig. Eines der Briefchen herausgegriffen, die täglich hereinflattern ... Er sagte: Für mich bedeutete es nicht mehr, nicht weniger, als dass der Akku wieder angeschlossen war. Vergiss es. Ob sie nun Anne, Ingrid, Claudia oder Jutta heißen,

ich werde weitere Briefe beantworten. Sie bringen mir Leben, regen mich an."[2]

Margarete leidet und kämpft

Margarete leidet und leistet im Gegensatz zu ihren Vorgängerinnen Widerstand. Obwohl sie offensichtlich von Jutta Lüttkes Existenz weiß, harrt sie an Grieshabers Seite aus. Sie berichtet im „Pfauenschrei" von einer Art „Hochzeitsreise", die HAP und sie gemeinsam unternehmen, obwohl bereits eine zweite Geliebte im Spiel ist. Von Nürnberg ausgehend, schildert Margarete die Route der Erotik, auf der sie sich liebten „die DDR-Städte hindurch bis hoch in den Norden, westwärts zurück durchs Ruhrgebiet, den Rhein entlang, nichts deutete darauf hin, dass dieser Mann eine kaputte Lunge, ein kaputtes Herz in der Brust habe."[3]

Grieshaber ist zu der Zeit, als er Jutta kennen lernt, ein Mensch mit einem allumfassend morbiden Gesundheitszustand. Margarete gibt in dieser für sie schwierigen Situation aber nicht auf, lässt sich von Jutta nicht einfach so verdrängen, aus dem Haus jagen. Sie kann nun aber immer mehr nachempfinden, wie es Riccarda „vor zehn Jahren zumute gewesen sein mochte", als sie selbst, Margarete, es war, die die Rivalin vertrieb.

Grieshabertochter Ricca bestätigt die Anspielung Hannsmanns im „Pfauenschrei", dass ihr Vater die Ulmerin Jutta Lüttke über einen Verehrerbrief kennen lernt. Sie bemerkt, dass die Beziehung zwischen dem Holzschneider und Margarete bereits in den letzten Jahren nicht mehr intakt gewesen sei, Grieshaber bereits 1973 wieder Kontakt zu ihrer Mutter Riccarda aufnimmt, also schon lange bevor er Jutta trifft.

„Er wirbt um sie, bringt Riccarda ihre Lieblingsblumen, einen Strauß voller Veilchen." Ein mit der Familie Grieshaber befreundeter Schreiner aus Stuttgart vermittelt in diesem Bemühen, Riccarda und HAP vielleicht wieder zusammenzuführen, doch ohne Erfolg. „Meine Mutter will nicht mehr", erinnert sich Ricca, die in dieser Zeit fernab der Achalm am Reutlinger Weibermarkt wohnt, wo Riccarda ein Atelier für Möbelmalerei betreibt und damit persönlich wie auch beruflich

auf eigenen Beinen steht. „Margarete Hannsmann, das ist eine extrovertierte Frau", kommentiert Ricca Grieshaber.
Ihr Vater findet in der gebürtigen Mecklenburgerin Jutta Lüttke, so wie bei Riccarda zuvor schon, „die Stille und Ruhe des Ostens".[4]
Juttas Ehemann, Ulrich Lüttke, von Beruf Chemiker, der heute die Erwachsenenweiterbildung an der Universität in Ulm betreut, sieht den Moment des Zusammentreffens seiner Frau und HAP Grieshabers in einer persönlichen, örtlichen Konstellation gegeben: Er geht davon aus, dass sie sich auf einer Ausstellung begegnet sind. Werkschauen des Holzschneiders in der Kunsthalle Rostock, in Ostberlin, in den Staatlichen Kunstsammlungen Dresdens zeigen einen in der Kunstwelt stets präsenten HAP Grieshaber, der täglich Verehrerpost erhält.[5]
Der Nährboden der Beziehung ist demnach zu bestimmen: Margarete und Andreas, wie sie ihn nennt, sind seit zehn Jahren zusammen, die gegenseitige Entdeckungsfahrt ist schon lange abgeschlossen, der „Akku" – wie die Schriftstellerin es formuliert – ist leer. Grieshaber hat bei Margarete genug aufgetankt, sich von ihr als Schriftstellerin, als Mensch, als Frau befruchten, inspirieren lassen. Gemeinsame Reisen sind getan, gemeinsame künstlerische Werke realisiert. Für einen so hochkreativen, sensiblen Künstler wie Grieshaber, der visuelle, geistige Impulse seismographisch erfasst – mögen sie auch in einem kaum wahrnehmbaren Bereich liegen – ist der Mensch in seinem direkten Umfeld ein immens starker Impulsgeber.
HAP Grieshaber verkörpert den „Sinnenmenschen", isst, trinkt, raucht gerne, schafft sich ein paradiesisches Ambiente, bereitet sich täglich neu ein Fest verschiedenster Reize, braucht die Frauen als Erlebnis, als Anstoß zu neuen kreativen Bildern. Jutta wird zur Akteurin in einer bunten, schillernden Welt der Liebespaare, in der er – der alte Mann – noch einmal zum Jüngling wird. Margarete begleitet den Geliebten nur einen Lebensabschnitt, jedoch nicht lange, dann ist ihre Zeit abgelaufen.

Jutta „beflügelt" den Holzschneider

Im Frühjahr 1978 tritt Jutta Lüttke in Grieshabers Leben. Jutta, die 22 Jahre jüngere, im ostdeutschen Ludwigslust geborene, frei-

Jutta Lüttke

*Grieshaber ist schon sehr krank, als er Jutta 1978 kennenlernt, sie wird seine letzte große Liebe. Sie selbst nimmt sich 1991 das Leben.
Foto: Privatbesitz Ulrich Lüttke*

schaffende Künstlerin, besucht in Ostberlin die Textil- und Modeschule, ist dann als Schaufensterdekorateurin in der dortigen „Handelsorganisation" der DDR tätig. 1955 siedelt sie in den Westen über, ab 1958 ist sie freiberuflich tätig, zuerst wieder als Dekorateurin bei großen Kaufhäusern wie „Horten". Sie entwickelt sich weiter, gestaltet Bühnenbilder zu Shakespeare-Inszenierungen am Ulmer Theater. 1960 kommt ihr Sohn zur Welt, der behindert ist.
Jutta Lüttke ist eine schöne, attraktive Frau mit runden, weiblichen Formen, braunen Augen, Rehaugen, die auch melancholisch sein können. Sie ist, nach den Beschreibungen von Grieshabertochter Ricca, ein sympathischer, liebevoller Mensch mit einer gehörigen Portion Humor. Jutta, die einen kleinen Dackel hat und tierlieb ist, besucht Grieshaber auf der Achalm. Sie kochen gemeinsam, lieben einander, lesen, diskutieren, besuchen das Theater in Tübingen. Ricca und Jutta gehen oft ein Stück zusammen spazieren.[6]
Riccarda, mit der Grieshaber noch verheiratet ist und von der er sich auch bis zu seinem Tod nicht scheiden lässt, und die gemeinsame Tochter Ricca lassen dem „Alten vom Berg", wie er in der Öffentlichkeit genannt wird, seine neue Liebe Jutta. Kritisieren ihn nicht. Es ist ja eher Margarete Hannsmann, die den Schaden hat, die ausgebootet wird. Auch Margot Fürst, die Grieshaber selbst und sein Werk ein Leben lang als Beraterin, Publizistin, Finanzmanagerin, Ausstellungsmacherin betreut, toleriert Jutta. Sie darf Fürst gemeinsam mit dem Holzschneider in der Stuttgarter Wohnung besuchen. Margot Fürst erinnert sich: „Ich sah Jutta zum ersten Mal Mitte Februar 1981. Grieshaber hatte am Morgen angerufen: ‚Das Wetter ist schön, die

Jutta Lüttke

Sonne scheint, darf ich zum Tee kommen – nicht allein?' So kam er, leicht waren ihm die drei Treppen mit Sicherheit nicht geworden, sehr zart sah er aus, aber das Gesicht strahlte Freude und etwas wie sanfte Heiterkeit aus. Und Jutta bewegte sich frei und natürlich, wenn auch zurückhaltend in der fremden Umgebung, von der sie offensichtlich durch Erzählungen wusste."[7]

Grieshaber ist todkrank – das Umfeld toleriert Jutta

HAP Grieshaber lebt seine neue Liebe aus, aber nicht lautstark nach außen, sondern nach innen. „Er trägt seine Beziehung nicht auf die Straße", wie es der Grieshaber-Bibliograph Gerhard Fichtner, der das Lebenswerk des Holzschneiders in Form von Buchtiteln erfasste, beschreibt.[8] Das heißt: Grieshaber stellt Jutta behutsam seinem engsten Familien- und Freundeskreis vor, geizt mit den Minuten, die er – gemeinsam mit Jutta – den anderen schenkt, denn er weiß, dass seine eigene Lebenszeit verrinnt, der Sand immer schneller durch das Stundenglas fließt. Tod und Eros sitzen als Paar beieinander. Was bedeutet das? Grieshaber ist todkrank, Herz und Lunge funktionieren nicht mehr, wie sie sollen. In Briefen und in den Holzschnittwelten finden zunehmend erotische Spiele statt. Die Bilderserie „Die Liebe ist ein Hemd aus Feuer" lässt das sichtbar werden. Grieshaber hat keine körperliche Kraft mehr, doch seine Fantasie, der geistige Motor läuft weiter. Zwischen dem 24. April 1978 und dem 27. Februar 1981 verfasst er über 400 Briefe an Jutta, die sich wie eine im Intervall immer wieder anschwellende Fieberkurve eines

„Jutta/Du bist ein Engel, der mir jeden Tag erscheint, mich weckt und beflügelt", schreibt Grieshaber am 8. August 1979 an seine Geliebte, Jutta Lüttke aus Ulm. Foto: Privatbesitz Ulrich Lüttke

hilflos verliebten alten Mannes lesen. „Dank! Du schenkst mir viel! Alles hatte ich bisher, nur das nicht, Theater, Film, aufregende und anspruchsvolle Unruhe. Das springt wie meine elektronische Uhr", schreibt er am 14.5.1979.[9] Und weiter rühmt der „Alte vom Berg" ihre lebensspendende Kraft: „Immer wieder pflückst Du mir Tage."[10]
Ein ganzes Künstlerleben beschäftigt sich Grieshaber mit Engelmotiven und nun begegnet ihm ein leibhaftiger. Er schreibt am 8. August 1979: „Jutta/Du bist ein Engel, der mir jeden Tag erscheint, mich weckt und beflügelt."[11]

Margarete wird gedemütigt: Sie trinkt und nimmt Valium

Zwischen den lyrischen Liebeszeilen nimmt HAP Grieshaber Bezug zum aktuellen Zeitgeschehen, geht auf politische, kulturelle Ereignisse ein, berichtet von seiner eigenen Arbeit – und – verweist auf die Frau in seinem Schatten: Margarete Hannsmann. Sie kann sich von Grieshaber nicht losreißen, leidet unmenschlich und hält dies auch literarisch fest. Sie schildert die Genese, die Entwicklung von Grieshabers Jutta-Vernarrtheit.[12] Die Schriftstellerin verfremdet, ändert die im Text vorkommenden Namen, gewährt jedoch einen glasklaren Durchblick auf ihre in Trümmern liegende Seelenlandschaft. Sie zeigt, so die Zusammenfassung der Niederschrift, die Demütigungen, das grausame Beiseiteschieben, den schleichenden Entzug der jahrelang genossenen Vertrautheit zwischen ihr und ihm und verweist auf die Opferbereitschaft, Grieshaber trotz Juttas Gegenwart den Haushalt zu führen. Margarete erzählt von ihrem Alkohol- und Valiumkonsum, der schleichenden Selbstzerstörung, von dem Zwiespalt zwischen Liebe und Hass.
Wie reagiert Grieshaber auf Margarete, die nicht weicht? Zeitweilig sind beide Frauen parallel auf der Achalm, Jutta bringt Kuchen mit, bereitet das Essen. Sie und Grieshaber diskutieren, lieben sich, gehen gemeinsam ins Landestheater Tübingen, da Jutta schon von Berufs wegen das Theater liebt. Margarete putzt, versorgt die Wäsche. Und Grieshaber? Sitzt er zwischen zwei Stühlen? Grieshaber „will leben, d. h. lieben und einen Zielpunkt haben. Keine Literatur, nichts von bildender Kunst, kein Kulturgeschwätz, nur dies: Aufbruch

zu neuen Ufern, anderen Hörnern, vielleicht das Theater ...“[13] Margarete geht nicht freiwillig, so wie es bei Riccarda der Fall ist. Sie ist verletzt, getroffen.
Grieshaber empfindet nur noch Verachtung, Hass. Das geht aus seinen Briefen an Jutta hervor. Er schreibt am 11. September 1979: „Ich rief M. an, da ich weiß, sie schreibt es sich von der Seele, das tut es aber nur, wenn sie nachher Deinen Namen wieder löscht. Ich drohte ihr, sie zu töten, wenn sie das so nach außen gibt. Wunderte sich, woher ich weiß. M. glaubt archaisch zu sein, ist es aber nicht, die Götter sind tot, sie handelt aus verletzter Eitelkeit. Da kommt nichts."[14] Er will Jutta schützen wie der Prinz seine Prinzessin und verspricht ihr am 7. Dezember 1979: „Du mußt Dich nicht sorgen, ich baue eine Mauer aus Rosen für Dich und mit Dornen für M um mich herum."[15] „M" – damit ist natürlich Margarete gemeint.

„Helmut" – so nannte ihn nur seine Mutter

So kraftlos Grieshaber körperlich ist – er schneidet deshalb in den letzten Lebensjahren so gut wie nicht mehr ins Holz, malt, zeichnet und schreibt dafür umso mehr –, so ungebrochen ist die ungestüme Kraft und Vielfalt seiner Fantasie. Seine Liebesbekundungen Jutta gegenüber gehen beinahe täglich als Brief mit der Post nach Ulm. Es ist das letzte Aufbäumen einer vergehenden Existenz, die im Augenblick ihres „Hinübergangs" noch einmal alles an Substanz und Energie freigibt: die Essenz seines Lebens, im Falle Grieshabers seiner Liebesfähigkeit. Die „Briefe an Jutta" entfalten, einem Blumenstrauß gleich, sexuelle Anspielungen, liebevoll-metaphorische Gedanken eines alten, schon lebensgefährlich erkrankten Mannes, der sich, von der Kraft eines stürmisch Liebenden beflügelt, noch einmal verjüngt und aufbricht zu einem neuen Leben. Er signiert die Briefe an Jutta fast immer mit „helmut", so durfte ihn nur seine Mutter nennen. Diese „Briefe an Jutta" inspirieren Grieshaber zu einer Serie von mehr als drei Dutzend großformatigen Aquarellen, die in dem Buch „Ortus sanitatis" reproduziert werden.[16]
Wie reagieren Juttas Umfeld, Mann und Kind, auf ihre Liebe zu Grieshaber? In den Briefen an Jutta sind nur Spuren zu finden. Gries-

Jutta Lüttke

Das Ulmer Theater: Dort arbeitet Jutta Lüttke als Bühnenbildnerin. Foto: Privatbesitz Ulrich Lüttke

haber malt für Juttas Sohn Bilder, schickt ihm 1979 mit der Post Geschenke, versucht die Familie zu integrieren.[17] „Du Jutta hast scheint's Angst? Ich nicht! Es ist dasjenige da, was da sein will", schreibt er zu Beginn ihres Kennenlernens, verleiht ihr Mut, die Partnerschaft zu wagen.[18]
Warum hat sie Angst? Ist es die Angst, sich auf Grieshaber einzulassen, ihre Familie zu zerstören? Am 17. März 1980 schreibt Grieshaber: „Jutta/Weißt Du richtig frei findet man nur im eigenen Gefühl seinen Ort, also plage Dich nicht. Wir können darin für uns und die Welt Ruhe und Hilfe finden, solange wir uns stützen."[19]
Jutta „plagt sich", steht zwischen der verbitterten, verlassenen Margarete Hannsmann und einem duldenden Ehemann. In einem Brief aus dem Monat August von HAP an Jutta heißt es: „Während Du in Ulm die Bruchstücke wieder aneinander fügst, sammle ich fleißig die Federn des Pfau/Dir zu Ehren jeden Morgen nach dem Bade noch dampfend im Regen."[20]
Die Scherben eines zu Bruch gegangenen Familienglücks? Das Glück des einen ist das Unglück des anderen.
Das Glück von Jutta Lüttke und Helmut Andreas Paul Grieshaber neigt sich dem Ende zu. Sein Gesundheitszustand wird von Tag zu Tag schlechter, Jutta ruft mehrere Male am Tag an, doch Grieshaber kann nicht mehr. Auch nicht mehr telefonieren.
Riccarda und Ricca sind zur Stelle. Sind auf der Achalm, bei ihm. So wie ihm Riccarda in den Siebzigerjahren stets als Ratgeberin, als „Instanz" zur Seite stand – obwohl es Margarete Hannsmann und Jutta Lüttke gibt. Am 12. Mai 1981 stirbt Grieshaber in den Armen seiner Ehefrau – „Riccarda und er hatten sich versprochen,

sich nicht im Krankenhaus sterben zu lassen" –, weiß Margot Fürst.[21] Ricca versucht noch kurz zuvor den Notarztwagen auf die Achalm zu leiten, doch er findet das abgeschieden gelegene Häuschen der Familie Grieshaber nur schwer. Der französische Hilfsarbeiter Jerome Lefèvre versucht, „den Vater noch einmal wiederzubeleben", doch ohne Erfolg.

Jutta, seine letzte große Liebe, erkrankt an der Parkinson-Krankheit und nimmt sich – „um den anderen nicht zur Last zu fallen" – am 27. Mai 1991 das Leben. Wie Grieshaber scheidet sie im Monat Mai aus diesem Leben, im Frühjahr – der Zeit des Kennenlernens.[22]

Unvergänglich sind trotz des Todes von HAP Grieshaber und Jutta Lüttke die Bilder einer intensiv gelebten Leidenschaft zweier reifer Menschen – so wie sie in den „Jutta-Briefen" und den Aquarellen zu „Ortus sanitatis" transparent wird. Die Paarmotive reihen sich ein in die Folge großer Liebesbilder, die in der Antike ihren Ursprung nehmen und über Renaissance, Barock und Rokoko ihren Niederschlag in neuerer Zeit finden. Als Beispiele dienen Jean Cocteaus „Zeichnung" eines Geschlechtsaktes von 1925[23] oder Aristide Maillols „Süße Liebe", ein Holzschnitt von 1937[24]. Stellvertretend für Pablo Picassos

Über 400 Liebesbriefe schreibt und malt Grieshaber seiner Jutta zwischen 1978 und 1981. Foto: Privatbesitz Ulrich Lüttke

unzählig variierte erotische Paardarstellungen stehen „Männlicher und weiblicher Akt" vom 1. März 1967 und „Das Morgenständchen (L'Aubade)" vom 18. Juni 1967[25]. Für Picasso – und für Grieshaber – gilt bis heute der Anspruch, den Margot Fürst trefflich formuliert: „Im Grund beherrschte ihn jedoch sein Leben lang nur eine einzige Liebe: die Kunst. Seine Schöpfungen wuchsen aus dem Erleben, jede der Frauen, die ihm nahe standen, inspirierte ihn und bestimmte eine Phase seines Werkes ... Seine menschlichen Beziehungen haben einen Anfang, eine Mitte und ein Ende ... Er war ein Ekstatiker, der sich jeder Erfahrung, die ihn berührte, voll aussetzte."[26]

Anmerkungen

[1] Fürst-WV, Band 2, 77/54–66.
[2] Hannsmann: Pfauenschrei, S. 485.
[3] Hannsmann: Pfauenschrei, S. 486.
[4] Gesprächsprotokoll mit Ricca Grieshaber vom 27. Juli 2006 auf der Achalm in Eningen. Archiv Iris-Margarethe Rall-Lorenz.
[5] Rall-Lorenz, Iris-Margarethe: GEA-Serie „Grieshaber und seine Frauen", Teil 5: Die Bühnenbildkünstlerin Jutta Lüttke.
[6] Gesprächsprotokoll mit Ricca Grieshaber vom 27. Juli 2006 auf der Achalm in Eningen. Archiv Iris-Margarethe Rall-Lorenz.
[7] Grieshaber, HAP: Briefe an Jutta 1978–1981. Herausgegeben von Margot Fürst unter Mitarbeit von Gerhard Fichtner. Ostfildern 1999, S. 5. Margot Fürst übernimmt nach Grieshabers Tod 1981 die Nachlassverwaltung seines Werkes. Sie selbst stirbt 2003 in Stuttgart.
[8] Gesprächsprotokoll mit Gerhard Fichtner aus Tübingen am 27. Juli 2006. Archiv Iris-Margarethe Rall-Lorenz.
[9] Grieshaber: Briefe an Jutta, S. 16.
[10] Grieshaber: Briefe an Jutta, S. 32.
[11] Grieshaber: Briefe an Jutta, S. 45.
[12] Vgl. dazu Rall-Lorenz, Iris-Margarethe: „Grieshaber und seine Frauen"/Jutta Lüttke/30.03.04, Reutlinger General-Anzeiger, und Hannsmann, Margarete: Der Alte vom Berg; in: Merian Stuttgart, Heft 5. 1982.
[13] Grieshaber: Briefe an Jutta, S. 13.
[14] Grieshaber: Briefe an Jutta, S. 52.

[15] Grieshaber: Briefe an Jutta, S. 75.
[16] HAP Grieshaber – ortus sanitatis (32 Aquarelle). Grieshaber, HAP; Schmücking, Rolf. Braunschweig. Galerie Schmücking. 1979.
[17] Grieshaber: Briefe an Jutta, S. 82. Der Brief ist nur auf das Jahr 1979 datiert, ohne Tag und Monat.
[18] Grieshaber: Briefe an Jutta, S. 86. Der Brief ist nur auf das Jahr 1979 datiert, ohne Tag und Monat.
[19] Grieshaber: Briefe an Jutta, S. 110.
[20] Grieshaber: Briefe an Jutta, S. 128. Der Brief ist nur auf den Monat August datiert, ohne Tag.
[21] Grieshaber: Briefe an Jutta, S. 5f.
[22] Gesprächsprotokoll mit Ricca Grieshaber am 27. Juli 2006 auf der Achalm in Eningen. Archiv Iris-Margarethe Rall-Lorenz.
[23] Abbildung vgl. Duca, Lo: Eros im Bild. Die Erotik in der europäischen Kunst. München/Wien/Basel 1968, S. 173.
[24] Duca: Eros im Bild, S. 172.
[25] Warncke/Walther: Picasso, Band I, S. 638f.
[26] Vorwort Margot Fürst in Grieshaber: Briefe an Jutta, S. 6.

Nani – die adoptierte Tochter mit dem „Löwenherzen"

Biographie

Nani Croze, geborene Gohr, erblickt am 16. September 1943 in Königsberg das Licht der Welt. Ab 1950 lebt sie mit ihrer Mutter Riccarda Grieshaber auf dem Bernstein und ab 1952 ziehen HAP Grieshaber, Riccarda und sie auf die Achalm. Der Holzschneider adoptiert das geliebte Kind.
Sie besucht wie ihre Schwester Ricca die Waldorfschule und das Friedrich-List-Gymnasium, anschließend geht sie nach England in ein Internat und studiert später an der Universität in Exeter. Sie hospitiert bei dem berühmten Gänseforscher Konrad Lorenz im oberbayerischen Seewiesen und lässt sich im Bereich Glasmalerei in London ausbilden.
1966 heiratet sie den Tierverhaltensforscher Dr. Harvey Croze und lebt auf einem Hausboot in Oxford. Ab 1968 halten sie sich der Elefanten wegen in der Serengeti auf. Ab 1971 beginnt Nani mit afrikanischen Malereien.
1980 zieht sie endgültig nach Kitengela in der kenianischen Massai-Steppe. Dort baut sie symbolistisch anmutende Häuser und eröffnet eine große Glasbläserwerkstatt.
Sie erhält zahlreiche Aufträge, auch Großaufträge an Bauten in Nairobi. So entsteht dort im Internationalen Casino beispielsweise 1988 das „Leopardscape" – das größte ostafrikanische Glasbild.
Heute stattet sie auch Banken, Casinos, Kirchen, Hotels, Ministerien und andere öffentliche Gebäude mit ihren Arbeiten aus.
Sohn Anselm ist ihr Partner und Ausbilder in der Werkstätte.
Seit 1991 ist sie mit Dr. Eric Krystall verheiratet, der auf dem Gebiet der Umwelt- und Bevölkerungspolitik aktiv ist.[1]
Sie erzählt aus ihrem Leben spannend und lebensnah in ihrem „Brief aus Afrika"[2]. Sie schreibt von ihrem Adoptivvater HAP und seinen Frauen, über ihre Kindheit auf der Achalm und über ihr jetziges Leben – nicht „Jenseits von Afrika", sondern mittendrin.

Nani – die adoptierte Tochter mit dem „Löwenherzen"

Nani war Grieshabers Adoptivtochter, jedoch genauso geliebt wie Ricca.
Foto: Privatbesitz Ricca Grieshaber

Urlaub zu Hause: Nani Grieshaber, Weihnachten 1960 auf der Achalm in Eningen. Mit siebzehn kommt sie nach England aufs Internat, danach besucht sie in Exeter die Universität.
Foto: Foto-Schnell, Tübingen/Privatbesitz Ricca Grieshaber

Nani mit Hund: Die englischen Bulldoggen zählen zu den Lieblingstieren ihrer Mutter Riccarda und geben auch einem ihrer Bücher den Titel.
Foto: Foto-Schnell, Tübingen/Privatbesitz Ricca Grieshaber

Eine Schönheit durch und durch: Nani mit Löwen – noch nicht in Afrika, dafür aber in einem fahrenden Streichelzoo an der Autobahn bei Hannover. Aufgenommen Mitte der Sechzigerjahre.
Foto: O. Feddeler, Hannover/Privatbesitz Ricca Grieshaber

Nani studierte bei Prof. Lorenz das Verhalten der Gänse.
Foto: Privatbesitz Ricca Grieshaber

Nani und Siamkatze Mitte der Sechzigerjahre: 1960 schneidet Grieshaber die blaublütigen Tiere ins Holz. Die Adoptivtochter Nani tritt in seine Fußstapfen, verehrt ihr Leben lang die Tiere und schart sie um sich.
Foto: Privatbesitz Ricca Grieshaber

Nani – die adoptierte Tochter mit dem „Löwenherzen"

Am 14. Oktober 1965 heiraten Christiane „Nani" Gohr, adoptierte Grieshaber, und der englische Elefantenforscher Harvey Jerome Croze in Eningen unter Achalm. Gefeiert wird zwischen Schlange (vorne) und Totenskelett. Letzteres braucht HAP als Studienobjekt für den „Totentanz von Basel".

Hochzeitsgesellschaft mit Bulldogge: Von links Dr. Harvey Jerome Croze, Nani Croze-Grieshaber, die Mutter des Holzschneiders Vermessungsoberratswitwe Thusnelde Grieshaber, Riccarda Gregor-Grieshaber, Ricca Grieshaber, HAP Grieshaber im Hochzeitsfrack. Fotos: Privatbesitz Ricca Grieshaber

Nani – die adoptierte Tochter mit dem „Löwenherzen"

Kitengela, den 14. Mai 2006
Liebe Iris-Margarethe,
Sie haben mich so nett angesprochen und da will ich mein Bestes versuchen Ihnen mit Hilfe meiner geliebten klassischen Musik im background zu antworten.
Die Daten meiner Biographie können Sie dem Reutlinger Künstlerlexikon von Thomas Heck und Joachim Liebchen entnehmen. Die restlichen Fragen kann und möchte ich nicht konkret beantworten. Will aber gerne versuchen in den Schatten der Vergangenheit einzutauchen und Erinnerungen aus meiner Kindheit und Jugend wachrufen. Das ist hauptsächlich die Zeit zwischen meinem 12. Lebensjahr bis zu meiner Heirat 1965. Weiterhin will ich gerne über mein Kitengela und auch kurz über meine Familie berichten.
Eines vorab, mein Tag ist über und über mit Arbeit ausgefüllt und das immer mit einem etwas schlechten Gewissen, dass dabei dieser und jener zu kurz kommt. Ich versuche mein Bestes zu geben, beginne zu arbeiten wenn es Tag wird und beende den Tag weit nach Mitternacht. Den Strom liefert ein Generator, das Wasser kommt seit einigen Jahren aus einem eigenen Bohrloch und aus 150 m Tiefe. Und, wenn ich gefragt werde, wann schläfst du, dann antworte ich: „dafür habe ich genug Zeit wenn ich tot bin." Mein Hobby ist meine tägliche Arbeit als Ehefrau, Mutter, Großmutter, Zoobesitzerin, Gärtnerin, Leiterin der Kitengela Glass Studios, Künstlerin und Gastgeberin für zahlreiche Besucher. Es ist ein reiches Leben und die Achalm war wohl mein großes Vorbild für alles was ich hier in den letzten 25 Jahren aufgebaut habe. Mein einziger Wunsch wäre nur, dass ich bei guter Gesundheit 2 Köpfe, 4 Hände und einen 48 Stunden Tag hätte.
Nun als erstes zur Familie: aus meiner ersten Ehe mit Dr. Harvey Croze, dem Elefantenforscher, habe ich 2 Söhne und eine Tochter, die zur Zeit meine drei Enkelinnen groß zieht und früher das Kitengela Perlenstudio betreut hat, das ich jetzt als zusätzliche Aufgabe weiterführe. Mein ältester Sohn Anselm ist in eigener Verantwortung Manager seiner Glassmanufaktur „Dom" und unterstützt mich, soweit er Zeit hat, etwas bei meiner Arbeit. Mein Jüngster, Lengai, ist Architekt und hat seit dem 23. Dezember 05 mit seiner Frau Anna zusammen eine süße Tochter, namens Myla. Die Söhne meines

Ältesten, Taro und Leon, besuchen mich öfter, da er gleich nebenan wohnt, da kann ich für ein paar Augenblicke entspannen, Unsinn machen und wieder jung sein.
Mein jetziger Ehepartner, Dr. Eric Krystall, mit dem ich seit 1991 verheiratet bin, ist zur Zeit Präsident der Nairobi Rotarier, denen auch ich angehöre und so habe ich noch zusätzliche Repräsentationsaufgaben wahrzunehmen, was oft an das Limit meiner verfügbaren Zeit geht. Ansonsten ist er noch senior supervisor für Puppenspieler, die durch das Land ziehen um die kenianische Bevölkerung über Aids, Geburtenkontrolle und Korruption aufzuklären. Er hat zwei Söhne und eine Enkelin.
Zur Familie gehört auch noch meine Köchin Roda, die nunmehr seit weit über 20 Jahren für unser leibliches Wohl und das unserer zahlreichen Gäste sorgt und mich auch sonst in den Dingen des Haushalts unterstützt.
Dann kommen meine geliebten Hunde: 3 Rottweiler, 5 Jack Russels und die Zwergdackelhündin Rosi. Die Goldfische tummeln sich in einem Aquarium, die Buschbabyfamilie ist halbzahm und findet sich allabendlich zum Bananenschmaus ein. Auf dem Hausdach gegenüber zeigt sich ab und zu ein halbzahmer Hyrax, auch als Klippschliefer bekannt (Hyraxe sind die nächsten Verwandten des Elefanten, obwohl sie in etwa die Größe eines Murmeltierchens haben).
Weiterhin gehören zu meiner Menagerie: 4 Pferde, ein halbes Dutzend Esel, 3 Kamele, 3 Schweine, die riesengroß sind, da sie nie geschlachtet werden.
Drei Warzenschweine, die mir kürzlich gebracht wurden, haben gleich wieder Reiss aus genommen und leben jetzt halbwild in der Nähe. Einige Kühe versorgen uns mit Milch. In einem Käfig singt, schwätzt und hupt „Kasuku" ein Graupapagei. In der Voliere zwitschern diverse Vögel und vertreiben den zwei Chamäleons die Zeit, der Pfauenschrei gellt in den frühen Morgen und Gänse und Hühner schnattern und gackern im Hof herum. Schildkröten bevölkern meinen japanischen Garten und in einem großen Gemüsegarten, hier „shamba" genannt, wächst neben Bananen und Avocados auch unser Gemüse für den täglichen Bedarf heran.
Da wir unmittelbar an den Nairobi-Park angrenzen, hören wir das Brüllen der Löwen und in der Nacht schleicht der Leopard umher.

Giraffen, Zebras und Gazellen sowie manchmal auch ein Nashorn gehören zum täglichen Naturschauspiel. Viele seltene Vögel schwirren umher und die Baboons (Paviane) sehen meinem Eric beim Schwimmen im Pool zu.
Soviel zu meiner Arche Noah „Kitengela".
In meinen Glasstudios beschäftige ich je nach Auftragslage zwischen 30 und 40 Mitarbeiter der verschiedensten kenianischen Stämme und Religionen.
Wir bearbeiten Glas, das wir zum größten Teil selber schmelzen, in den verschiedensten Techniken.
Da trage ich eine große Verantwortung und manchmal muss ich noch den letzten Pfennig aus meiner Schürze kratzen, wenn am Freitag die Löhne fällig sind.
Genug jetzt von Afrika und Kitengela und zurück zu Ihrem Thema: Grieshaber und seine Frauen oder hier besser: Grieshaber und die Frauen um ihn herum.
Da will ich zunächst mit der Oma Grieshaber beginnen, der Vermessungsoberrat-Witwe. Sie war, als ich in ihr Leben trat, mit ihren guten 70, eine richtige Oma, ziemlich klein, dicklich, mit einer dicken Brille für ihre Kurzsichtigkeit. Sie war immer korrekt gekleidet, ihr schlohweißes, schon etwas dünnes Haar, war sorgfältig gekämmt.
Sie mochte mich, war etwas neugierig, besonders, wenn es um meine Liebschaften ging. Dann hat sie mir erzählt wie sie als junge Frau in Ludwigsburg im Schloss mit ihrem Mann gelebt hat und dass das ihre schönste Zeit gewesen sei.
Von ihren 3 Söhnen war einer im Feld geblieben und mit dem untergegangenen Dritten Reich blieb dieser nach außen hin auch etwas in der Versenkung verschwunden. Ihr Liebling, das war der Dieter, der in Zwiefalten eine kleine Textilfabrik hatte. Der fuhr einen Porsche, war Ballonfahrer und halt ein Fabrikant, das war was in ihren Augen und ab und zu hat sie ihm wohl mit einer kleinen Finanzspritze geholfen.
Der Helmut, der Künstler, das war etwas suspekt für sie und selbst als er in Karlsruhe schon Professor war hatte sie immer noch ihre Zweifel. Einmal nahm sie meine Mutter zur Seite, er hatte damals gerade die Professur wieder niedergelegt, und fragte hinter vorgehaltener Hand, ob sie auch genug zum Leben hätten. Sein Verhältnis zur Mutter war respektvoll, den vorangegangenen Umständen

Nani – die adoptierte Tochter mit dem „Löwenherzen"

entsprechend, nicht von Sohnesliebe geprägt, obwohl er sich später als sie schon im Heim war, liebevoll um sie gekümmert hat. Mich hat sie wirklich gemocht, auch wenn ich nur Adoptivenkeltochter war.
Sie hat mich öfters mit meinem Freund zum Mittagessen eingeladen und bei der Kreissparkasse ein Sparbuch für mich angelegt mit 500.– DM, – viel Geld damals, und ich habe dieses Sparbuch bis heute aufrechterhalten und noch 6 weitere für jedes meiner Enkelkinder angelegt. Als sie in den hohen 80ern starb, wurde sie auf dem Friedhof „Unter den Linden" zum Obervermessungsrat gebettet.
Frau Fürst, genannt die Fürstin, kam fast jeden Samstag pünktlich gegen zwei von Stuttgart auf der Achalm an und blieb bis gegen fünf Uhr. Sie war Sekretärin und „Außenminister" und brachte meistens einen dicken Scheck mit, was bei meinem Vater eine richtige Euphorie auslöste um seinerseits eine große Anzahl Schecks auszustellen, um angefallene Verpflichtungen zu bezahlen. Dabei lachte er meistens und ich höre ihn noch heute sagen: „bewege dein Konto". Frau Fürst, die das Werk meines Vaters vorbildlich betreut hat und in zahlreichen Publikationen über sein Werk ihre Loyalität bewiesen hat, benötigt wohl keine Beurteilung von Dritter Seite. Ob ihr Verhältnis zu meinem Vater auch von intimeren Wünschen begleitet war, kann ich nicht sagen.
Frei von jeglicher Anfechtung war wohl seine langjährige Beziehung zu den Nonnen vom Kloster Siessen bei Saulgau. Diese kamen ein- bis zweimal im Jahr, meistens in Begleitung des Abbé Jäger, dem dortigen Kaplan.
Eine davon, die Schwester Betha, war Kunsterzieherin an der Klosterschule. Was da verhandelt wurde entzieht sich meiner Kenntnis. Vielleicht über Gott und die Welt und über Kunst.
Es war ein friedliches Bild die Nonnen in ihrer schwarzen Tracht und den weißen Hauben in Haus und Garten herumschweben zu sehen. Zu mir und meiner Schwester Ricca waren sie freundlich aber distanziert und man merkte, dass sie, obwohl im Schuldienst tätig, mit Kindern nichts anzufangen wussten. Für meinen Vater waren sie wohl Bindeglied zu seiner oberschwäbischen Geburtsheimat, denn er war vom Elternhaus aus evangelisch.
Für meine Schwester Ricca, die meine Eltern von Geburt an bis zum Tod begleitet hat, brauche ich nicht zu sprechen. Sie hat ja die

beiden viel länger erlebt als ich. Ich kam mit 17 Jahren nach England aufs Internat und besuchte dann in Exeter die Universität. So war ich nur in den Ferien da und später, nach der Uni war ich als Gänseliesel in Seewiesen am Starnberger See bei Konrad Lorenz, wo ich auch meinen ersten Mann Harvey kennen lernte.
Professor Tinbergen, sein Lehrer, auch Verhaltensforscher und Nobelpreisträger, hatte ihn im Austausch dorthin beordert. Und ich bin bei seinem Krähenhochzeitstanz schwach geworden und habe „Ja" gesagt. Als ich dann irgendwann im Jahre 1984 aus heiterem Himmel aus den USA und ohne gefragt zu werden die Scheidungsurkunde zugestellt bekam, diese Gefühle brauche ich wohl nicht zu schildern. Nur soviel: es war unendlich traurig und verletzend und beantwortet wohl auch Ihre Frage, wie sich meine Mutter wohl gefühlt haben mag als Margarete Hannsmann ihren Platz einnahm.
Jetzt noch zu Lena Krieg, der ersten Frau meines Vaters.
Wie er erzählte, hatte er diese nur geheiratet um sie als Soldat der Wehrmacht vor dem Zugriff der Schergen des Dritten Reiches zu bewahren. Liebe war es wohl nicht. Diese Frau war hoch intellektuell, beherrschte mehrere Sprachen, trug meistens Männerhosen und man sagte ihr nach sie sei lesbisch, was wohl auch so war, denn ich sah sie später öfters in Begleitung jüngerer Frauen. Mich hatte man vor ihr gewarnt. Da sie aber ein Grundstück auf der Achalm neben uns erworben hatte, war sie oft um den Weg und einmal, ich kam gerade von der Schule heim, sprach sie mich an und sagte nur (mit tiefer Grabesstimme): „sage deinem Vater das Auge des Kalbes wacht!" Bis heute rätsle ich noch was das wohl bedeuten mochte.
Was meinen Vater und Mutter betrifft, habe ich diese als Eltern wahrgenommen. Beide waren Künstler und sehr intellektuell, lasen viel und waren politisch sowie sozial sehr engagiert. Meine Mutter hat dann in den späten 50er Jahren ihre Malerei aufgegeben, da sie damit nicht in Wettbewerb zu dem immer mehr an Ruhm und Ansehen gewinnenden Partner stehen wollte. Sie war aber immer, und das auch bis zu seinem Tod, in Sachen Kunst seine Beraterin und enge Vertraute und er hat sich ja auch nie von ihr scheiden lassen. Sie schrieb dann ihre liebenswerten Bücher, die sie auch selbst illustrierte. Als etwas später das Verhältnis zu Frau Hannsmann immer enger wurde, zog meine Mutter nach Stuttgart.

Dort hatte ihr das Ehepaar Schurr über deren Geschäft in der Königsstraße eine Wohnung zur Verfügung gestellt. Im Gegenzug erhielten sie alle ihre Bilder. Die Bilder meiner Mutter waren stark expressionistisch geprägt und von hoher Aussagekraft und sind als Schenkung der Familie Schurr nach Reutlingen ins Spendhaus zurückgekehrt. Eine noble und sinnvolle Geste, die mich mit Freude erfüllt hat. Die von der Stadt Reutlingen im Spendhaus gezeigte Bilderschau bewegte mich sehr, da einige Motive noch auf dem Bernstein entstanden waren. Diese Kunstschule war nach dem Krieg unter der Leitung meines Onkel Hans (Bruder meiner Mutter) und meiner Mutter, eine Art Kunstakademieersatz in der französisch besetzten Zone. Dahin holte meine Mutter dann auch HAP als Lehrer und dann muss die Kunst und der Gleichklang zweier Herzen die beiden wohl einander näher gebracht haben. Von Stuttgart zog sie dann wieder nach Reutlingen an den Weibermarkt, wohl auch wegen meiner Schwester Ricca und versorgte teilweise die Achalm am Wochenende. Am Weibermarkt fing sie dann auch an Möbel zu bemalen und das fast bis zu ihrem Tod.

Meine Mutter war eine kleine, schmächtige Person mit einer stark ausgeprägten spitzen Nase und rauchte wie mein Vater gerne und viel. Alkoholisches verabscheute sie jedoch im Gegensatz zu ihm.

Dafür hat sie ihm all die Tiere ins Haus geschleppt, viele davon wurden seine Modelle und sie hatte im Laufe der Jahre aus einer Streuobstwiese an der Achalm einen kleinen botanischen Raritätenpark gezaubert. Dafür hat sie allerdings noch mehr gerackert und noch weniger geschlafen als ich es heute tue und ich habe dazu ja noch viele helfende Hände. Dieses Vorbild und ihre Skizzenblätter sind mein reiches Erbe und meine Erinnerung an sie.

Meine Eltern waren sehr moderne Erzieher und für gewisse Probleme engagierten sie sogar einen richtigen Psychiater für mich. Ich hatte ein Islandpony zum Reiten und mit 15 Jahren ein Moped mit Sondergenehmigung, da konnte nämlich der Papa schon seine „Ruhmesbeziehungen" spielen lassen.

Für mich war er ein guter Vater. Sicher hatte er manchmal etwas wenig Zeit für mich, dafür war er aber meistens zu Hause und auch ansprechbar. Niemals hatte ich das Gefühl nur Stieftochter zu sein und er hat mir bis zu seinem Tode immer großzügig geholfen und war mir in künstlerischen Entscheidungen immer ein hilfreicher und engagierter Lehrer. Meine Mutter war recht menschenscheu und hasste die Öffentlichkeit geradezu, so kam es oft vor, dass ich ihn, geschmückt mit den Insignien einer jungen Dame, an ihrer Stelle zu den offiziellen Anlässen mitgehen musste. Ich, stolz neben der Berühmtheit zu schreiten, und er gut gelaunt weil er mit Stolz eine hübsche Begleitung als seine Tochter präsentieren konnte. Wir verstanden uns blendend.

So was jetzt noch fehlt oder ergänzend sein kann, da hoffe ich ganz auf meine Schwester Ricca, die ja bis heute mit ihrem Sohn Paulo und ihrem Lebensgefährten Nico auf der Achalm beheimatet ist.

Und nun zum Schluss noch die Geschichte von den Rehäugelein. Eines Morgens, ich muss wohl sehr unglücklich ausgesehen haben, vielleicht gab es in der Schule Probleme oder gar Liebeskummer, das soll ja bei einer 16-jährigen schon mal vorkommen, sagte er zu mir: was ist denn los mit Dir, so ein Gesicht, auf komm rein, wir reden ein wenig. Als ich so gar nicht zum Reden zu bringen war fing er plötzlich an zu erzählen: also weist du, als ich in deinem Alter war, da war ich ganz schrecklich verliebt in ein Mädchen, die hatte so schöne dicke blonde Zöpfe, genau wie deine Haare und ihre Augen die waren so richtig haselnussbraun, eben wie Rehäugelein, seufzt etwas und richtet seinen Blick aus dem Atelierfenster auf die fernen Berge am Albtrauf. Leider wollte das Mädchen so gar nichts von mir wissen, sie beachtete mich nicht einmal und meine schmachtenden Blicke waren vergebens. Wollte er mich damit trösten? Ich war in keine Rehäugelein verliebt, mich drückte der 5er in Mathe. Er wieder ganz versonnen: ja diese Rehäugelein – die habe ich bis heute nicht vergessen. Schmunzelt in sich hinein und greift wieder zum Schneidemesser. Da wusste ich: Unterhaltung beendet.

Ich meine, dass er in allen Begegnungen mit seinen „Frauen" diese nie eroberten Rehäugelein aus seiner Jugendzeit gesucht hat. Damit will ich meine Erinnerungen zum Ende bringen.

Mit freundlichen Grüßen aus Kenya
und viel Erfolg für Ihr Buch

Ihre Nani Croze

Nani – die adoptierte Tochter mit dem „Löwenherzen"

Von links nach rechts: Nani-Sohn Anselm, Schwiegersohn Simon, Köchin und Familienmitglied Rhoda, Nani-Sohn Lengai (oben). Schwiegertochter Alix (Anselms Frau), Nani-Tochter Katrineka mit den Hunden Tamu und Pickle, Nani mit Enkelin Katya und Hund Dudu, Nani-Ehemann Eric mit Domino und Dawa.
Foto: Kitengela Glass Nairobi

Anmerkungen

[1] Heck, Thomas Leon, und Liebchen, Joachim: Reutlinger Künstlerlexikon, Reutlingen/Tübingen 1999, S. 53.

[2] Um die Authentizität des Briefes zu erhalten, wurde auf Korrekturen verzichtet.

Ricca – Grieshabers erstes Kind

Biographie

Riccarda Maria Grieshaber, genannt Ricca, kommt am 5. Juli 1954 in Eningen unter Achalm zur Welt und wächst dort inmitten eines paradiesischen Zoo- und Pflanzengärtleins auf. Ihre Eltern, HAP und Riccarda, schicken sie auf die anthroposophische Waldorfschule nach Reutlingen. Bis 1970 lebt sie am Reutlinger Hausberg, dann zieht sie gemeinsam mit ihrer Mutter in die Innenstadt an den Weibermarkt bei der Marienkirche. Von 1974 bis 1975 studiert sie an der privaten Adolf-Lazi-Schule für Fotografie in Stuttgart und schließt mit einem Diplom ab.
Ab 1976 ist sie als freiberufliche Fotografin tätig, unter anderem in Apulien im Rahmen von Workshops. Es entstehen auch gemeinsame Projekte mit ihrem Vater: Sie verfassen ein Buch über den ersten „Grünen", den Dichter Christian Wagner. Die Natur, aber auch die Stadt zählen zu ihren Motiven. Mit der Kamera ist sie in Afrika, der Heimat ihrer Schwester Nani, unterwegs.

Ein liebevoller und treu sorgender Vater: HAP Grieshaber mit Töchterchen Ricca Mitte der Fünfzigerjahre auf der Achalm. Foto: Näher, Reutlingen/Privatbesitz Ricca Grieshaber

Bernhardiner als Beschützer: „Ulmo" an der Seite von Ricca Ende der Fünfzigerjahre. Foto: Privatbesitz Ricca Grieshaber

Zahlreiche Ausstellungen in Reutlingen, Göppingen, Stuttgart und Duisburg dokumentieren ihre künstlerische Arbeit.
Heute lebt Ricca gemeinsam mit ihrem Lebensgefährten Nicola und dem 14-jährigen Sohn Paolo auf der Achalm im elterlichen Haus.[1] Als jetzigen Beruf gibt sie „Hausfrau und Mutter" an.[2]

Ricca Grieshaber beschreibt ihre Mutter, ihren Vater und sein Verhältnis zu den Frauen

Frage: Ricca, was war Ihre Mutter für ein Typ, wie definierte sie sich gegenüber Ihrem Vater?

„Meine Mutter war eine attraktive Frau, auch wenn sie dem klassischen Schönheitsideal nicht entsprach. Sie war zierlich und hatte lange feine Haare, die sie sich mit einem Haarnetz hochsteckte. Sie wirkte aber keinesfalls zerbrechlich, sondern strahlte Tatkraft aus. Meine Mutter stand mitten im Leben und hatte ein sehr zupackendes Wesen. Ständig war sie beschäftigt, sei es nun im Haushalt, den sie mit großem Elan führte, oder im Garten. Neben dieser praktischen Ader brauchte sie immer wieder Phasen des kreativen Schaffens, in denen sie ihre eigenen Kleider schneiderte, auf dem Klavier Chopin spielte oder eigene Bücher verfasste. Sie konnte auch sehr gut malen und illustrierte ihre Bücher selber. Manchmal ging die Energie meiner Mutter so weit, dass man sich von ihrem Tempo glatt überfahren vorkommen konnte. Noch während sie Dinge erklärte, nahm sie einem diese aus der Hand und erledigte sie selber."

Frage: Gab sie sich für Ihren Vater vollkommen auf?

„Von außen konnte man leicht den Eindruck bekommen, meine Mutter opfere sich für meinen Vater auf. Doch es war nie so, dass sie ihr eigenes Leben aufgegeben hätte. Sicher hat sie an einigen Stellen zurückgesteckt, aber sie hatte ihre Interessen, die sie pflegte, und ihre persönlichen Erfolge. So wurden einige Bücher veröffentlicht. Das erste Honorar, das sie bekam, gab sie sofort für einen großen beigefarbenen Teppich aus, auf dem die englischen Bulldoggen

und wir Platz nahmen. Einige ihrer Manuskripte sind noch unveröffentlicht.
Obwohl sie sehr eingespannt war, hatte meine Mutter immer Zeit für ein offenes Gespräch. Mutter war ein ständiges Korrektiv für uns alle. Ich selber habe meine Mutter nie als schwach wahrgenommen. Es mag durchaus Momente gegeben haben, in denen sie sich selber als weich, als nicht stark genug empfand. So erzählte sie mir zum Beispiel, sie habe die Ausbildung als Hebamme gemacht, um sich ‚abzuhärten', wie sie selbst es formulierte. Der Krieg, die Flucht, die Vergewaltigung, die vielen Fehlgeburten – auch ich selbst hätte gerne noch ein Brüderchen gehabt –, da wollte sie einfach gegen ihre sensible Seite angehen."

Frage: Wie haben Sie Ihren Vater wahrgenommen?

„Mein Vater hatte einen gepflegten Schnauzbart und sehr feines Haar. Seine große Gestalt war hager und von Hunger gezeichnet. Er war gut aussehend und sein gewinnendes Lachen wirkte auf Frauen sofort, sie sprachen vom ‚coup de poudre'. Er liebte die Stimulanz durch Musik und Wein, dann tanzte er den Sirtaki. Morgens erledigte er seine Korrespondenz: Er schrieb Malbriefe, reagierte auf das Zeitgeschehen, Ausstellungswünsche und Verehrerpost."

Frage: Tauchte er dann in eine andere Welt ab?

„Wenn er anfing zu arbeiten, stellten wir uns darauf ein, dass er kaum noch ansprechbar war. Er fiel in eine Art Trance, und niemand durfte ihn stören."

Frage: Welche Rolle spielten Bücher in seinem Leben?

Neben den Holzschnitten malte er auch Aquarelle und gestaltete Bücher. Überhaupt spielten Bücher eine besondere Rolle in unserem Haus. Sie waren die ständigen Begleiter meines Vaters. Wenn wir von der Schule Fragen heimbrachten, drehte er sich um und zeigte auf den ‚Brockhaus', denn Wissensdurst müsse man sofort stillen, sonst lerne man nichts."

Ricca – Grieshabers erstes Kind

Esel „Suleika" ist nicht nur Reit- und Schmusetier, sondern dient an Weihnachten als Überbringer der Geschenke: Ricca (im Bild) und Nani freut das. Das Bild stammt aus dem Jahr 1960.
Foto: Privatbesitz Ricca Grieshaber

Frage: Erlebten Sie Ihren Vater als Familienmenschen?

„Ich bewunderte auch die Traditionsliebe meines Vaters. An Weihnachten schmückte er gemeinsam mit Mutter den Baum. Unser Esel Suleika wurde mit Geschenken bepackt, die nachher an uns Kinder übergeben wurden. An Silvester saß die ganze Familie beim Bleigießen zusammen. Einmal goss ich eine Fahne. Mein Vater deutete dies als Zeichen der Freiheit, die ich als Mensch erfahren sollte. Kein Osterfest verging, an dem er nicht Dutzende von selbst bemalten Eiern überall in Haus und Garten mit Mutter zusammen versteckte.
Am 1. April legte er mich und meine Schwester gerne mit Scherzen herein. So schickte er uns mit der Geschichte in den April, ein Kamel stünde am Wasserreservoir, das ein paar Minuten von unserem Haus entfernt war."

Ricca verdutzt mit Schnute: Die Kinder führen ein Leben in Freiheit auf der Achalm. Reiten, Spielen, Essen vom Strauch und vom Beet, Sonnenuntergang, Lachen und Weinen. Ein Paradies für heranwachsende Menschen.
Foto: Astrid von Luttitz, Geilenkirchen/Privatbesitz Ricca Grieshaber

Frage: Was war mit den Frauen?

„Die Schwäche meines Vaters war das weibliche Geschlecht. Frauenherzen flogen ihm zu, aber oftmals wurden sie von ihm enttäuscht und verletzt."

Frage: Wie gestaltete sich das Leben Ihrer Eltern?

„Das Zusammenleben meiner Eltern gehorchte einer immer wiederkehrenden Routine. Um 3 Uhr morgens stand meine Mutter auf und begann zu arbeiten, entweder im Garten oder am Schreibtisch. Um 6 Uhr riss mein Vater das aktuelle Kalenderblatt ab, für meine Mutter das Zeichen, ihm sein Frühstück zu bringen. Jeden Morgen gab es ein präzise geköpftes Ei. Zu den Mahlzeiten kam die ganze Familie zusammen. Meine Mutter war eine gute Köchin und mein Vater ein leidenschaftlicher Esser und Genießer. An den Austausch körperlicher Zärtlichkeiten wie zum Beispiel den allgemein üblichen Abschiedskuss oder dass er meine Mutter einmal vor uns Kindern in den Arm genommen hätte, erinnere ich mich nicht. Ihr Austausch fand eher auf dem Gebiet der künstlerischen Arbeit statt, in Form von Diskussionen, fruchtbaren Gesprächen. Wir hatten auch viele Tiere, die ständig versorgt werden mussten und viel Zeit in Anspruch nahmen:
Zwerghühner, Pfauen, einen Esel, ein Islandpony, Katzen, ein vietnamesisches Hängebauchschwein und viele mehr. Wenn ich mit meinen Eltern die Wilhelma besuchte, kamen wir selten mit leeren Händen zurück. Das Hängebauchschwein verewigte mein Vater sogar in Holz."

Frage: Was haben Ihnen Ihre Eltern mit auf den Weg gegeben?

„Ende der Fünfzigerjahre schaffte meine Mutter einen Fernseher für die Familie an. Wann immer Dokumentationen über den II. Weltkrieg liefen, schauten wir sie an. So wurden wir Kinder geschichtlich nicht allein gelassen. Für meine Eltern waren die Dokumentationen eine Art Aufarbeitung, denn sie hatten beide jeweils einen Bruder an der Front verloren.

Das größte Bindeglied zwischen meinen Eltern war die Kunst. Beide waren äußerst kreative Menschen und sie inspirierten sich gegenseitig. Sie waren und sind die ständigen Begleiter meines Lebens, an deren Worte ich mich halte und deren Lebensweisheit sich mir eingeprägt hat."

**Ricca: ein Kurzporträt –
Fragebogen frei nach Marcel Proust**

Was ist für Sie das größte Unglück?
„Was entfachte Kriege im Nachhinein an Hass und Rache auslösen"

Wo möchten Sie leben?
„Im Herzen meines Sohnes"

Was ist für Sie das vollkommene irdische Glück?
„Auf das Meer zu schauen an einem Regentag"

Welche Fehler entschuldigen Sie am ehesten?
„Die blinde Liebe"

Ihre liebsten Romanhelden?
„Keno aus ‚The Pearl' (John Steinbeck)"

Ihre Lieblingsgestalt in der Geschichte?
„Pater Maximilian Kolbe"

Ihre Lieblingsheldinnen in der Wirklichkeit?
„Allein erziehende Mütter und Väter"

Ihre Lieblingsheldinnen in der Dichtung?
–

Ihre Lieblingsmaler?
„Jan van Eyck, Max Beckmann"

Ihr Lieblingskomponist?
„Smetana"

Welche Eigenschaften schätzen Sie bei einem Mann am meisten?
„Einfühlungsvermögen"

Welche Eigenschaften schätzen Sie bei einer Frau am meisten?
„Einfühlungsvermögen"

Ihre Lieblingstugend?
„Pünktlichkeit"

Ihre Lieblingsbeschäftigung?
„Mit meinem Hund Rocky spazieren zu gehen"

Wer oder was hätten Sie sein mögen?
„Floristin"

Ihr Hauptcharakterzug?
„Gutmütigkeit"

Was schätzen Sie bei Ihren Freunden am meisten?
„Treue und Standfestigkeit"

Ihr größter Fehler?
„Dass ich mich immer zu früh freue"

Ihr Traum vom Glück?
„Dieselbe Wellenlänge"

Was wäre für Sie das größte Unglück?
„Zerstörung der Erde"

Was möchten Sie sein?
„Das, was ich in 20 Jahren sein werde"

Ihre Lieblingsfarbe?
„Weiß"

Ihre Lieblingsblume?
„Forsythie"

Ihr Lieblingsvogel?
„Fischreiher"

Ihr Lieblingsschriftsteller?
„Jules Verne"

Ihr Lieblingslyriker?
„Hans Christian Andersen"

Ihre Helden in der Wirklichkeit?
„Menschen in Pflegeberufen, Grubenarbeiter"

Ihre Heldinnen in der Geschichte?
„Die kleine ‚Therese'"

Ihre Lieblingsnamen?
„Christian, Paul"

Was verabscheuen Sie am meisten?
„Wenn Kinder misshandelt werden"

Welche geschichtlichen Gestalten verachten Sie am meisten?
„Adolf Hitler und seine Schergen"

Welche militärischen Leistungen bewundern Sie am meisten?
–

Welche Reform bewundern Sie am meisten?
„Allgemeines Wahlrecht"

Ricca – Grieshabers erstes Kind

Collage von Vater und Tochter: Ricca und HAP bei einer gemeinsamen Ausstellung ihrer Fotos und Holzschnitte 1975 in München. Gezeigt wird unter anderem „Die Arche".
Foto: Privatbesitz Ricca Grieshaber

Welche natürliche Gabe möchten Sie besitzen?
„Vertrauen"

Wie möchten Sie sterben?
„In Frieden und ohne Hass"

Ihre gegenwärtige Geistesverfassung?
„Von dunkel bis hell"

Ihr Motto?
„Und strebe immer danach, glücklich zu sein."

Anmerkungen

[1] Biographie entnommen: Heck, Thomas Leon, und Liebchen, Joachim: Reutlinger Künstlerlexikon, Reutlingen/Tübingen 1999, S. 95.

[2] Über drei Jahre – schon während der Recherche zu der fünfteiligen GEA-Serie „Grieshaber und seine Frauen" – stand mir Ricca Grieshaber mit Rat und Tat, Erlebnisberichten sowie Erinnerungszeugnissen zur Seite. Mündlich und schriftlich gewährte sie mir mit großer Offenheit und Spontaneität Einblick in das Familienleben der Grieshabers. Ich zitiere hier aus einem Brief von Ricca vom 22. Mai 2006.

Bibliographie

Ammann, Marguerite – Kataloge:
Gedächtnisausstellung Marguerite Ammann. Kunsthalle Basel, 23.10.–21.11.1965
Marguerite Ammann. Basel Kunsthalle. Basel 1946
Sigismund Righini, Augusto Giacometti, Albert Kohler, Serge Birignoni, Max Uehlinger, Marguerite Ammann, Peter Mieg, Max Herzog. Basel 1939

Amtsregister Gemeinde Eningen unter Achalm (nichtnummerierte Unterlagen Familie Krieg)

Croze-Grieshaber, Nani – Aufsätze:
Croze-Grieshaber, Nani: Meine Mutter (1907–1985), ein Erinnerungsbericht von Nani Croze-Grieshaber; in: Riccarda Gregor-Grieshaber Gemälde. Erschienen in der Reihe Bestandskataloge des Städtischen Museums Spendhaus. Band VII

Croze-Grieshaber, Nani – Briefe:
Croze-Grieshaber, Nani: Brief vom 14. Mai 2006 aus Kitengela/Nairobi an Iris-Margarethe Rall-Lorenz. Archiv Iris-Margarethe Rall-Lorenz

Duca, Lo: Eros im Bild. Die Erotik in der Europäischen Kunst. München/Wien/Basel 1968

Engel der Geschichte Nr. 8. Johannes Poethen: Brief aus dem Labyrinth, Margarete Hannsmann: Zwischen Urne und Stier, Holzschnitte von HAP Grieshaber, Zinkätzung von Rudolf Hoflehner. Herausgegeben von HAP Grieshaber. Stuttgart Manuspresse 1967

Fichtner, Gerhard – Gespräche: Gesprächsprotokoll mit Gerhard Fichtner aus Tübingen am 27. Juli 2006. Archiv Iris-Margarethe Rall-Lorenz

Bibliographie

Fürst, Margot – Kataloge:
Fürst, Margot: Grieshabers Malbriefe. Reutlingen 1967
Fürst, Margot: Grieshaber. Die Druckgraphik. Werkverzeichnis Band 1. 1932–1965. Stuttgart 1986
Fürst, Margot: Grieshaber. Die Druckgraphik. Werkverzeichnis Band 2. 1966–1981. Stuttgart 1984

Grant, Michael, und Hazel, John: Lexikon der antiken Mythen und Gestalten. München 1989

Gregor-Grieshaber – Kataloge:
Riccarda Gregor-Grieshaber Gemälde. Erschienen in der Reihe Bestandskataloge des Städtischen Kunstmuseums Spendhaus Reutlingen. Band VII
Riccarda Gregor-Grieshaber: Gemalte Poesie auf Möbel. Baden-Baden und Stuttgart 1978

Gregor-Grieshaber – Bücher:
Gregor-Grieshaber, Riccarda: Mit Kugelschreiber und Kochlöffel. Frankfurt am Main 1961
Gregor-Grieshaber, Riccarda: Meine englischen Bulldoggen. O.O. 1963
Gregor-Grieshaber, Riccarda: Geschichten von kleinen Tieren. O.O. 1964
Gregor-Grieshaber, Riccarda: Als ich Abschied nahm. Erinnerungen an Ostpreußen mit 36 Scherenschnitten. O.O. 1968

Gregor-Grieshaber – Briefe:
Gregor-Grieshaber, Riccarda: Handgetippter Brief von Riccarda Grieshaber. Privatbesitz Ricca Grieshaber

Grieshaber, HAP – Bücher:
Grieshaber, HAP: Briefe an Jutta 1978–1981. Herausgegeben von Margot Fürst unter Mitarbeit von Gerhard Fichtner. Ostfildern 1999
HAP Grieshaber – ortus sanitatis (32 Aquarelle). Grieshaber, HAP; Schmücking, Rolf. Braunschweig. Galerie Schmücking. 1979

Bibliographie

Grieshaber, HAP – Briefe:
Grieshaberbriefe vom 19., 20., 21. Juli 1968 an Margarete Hannsmann; in: Hannsmann, Margarete: Der Pfauenschrei, S. 131–133

Grieshaber, HAP – Kataloge:
Grieshaber Bernstein Karlsruhe. Esslingen 1992
Grieshaber Bernstein Karlsruhe. Ausstellung der Kreis-Kunst-Sammlung vom 3. Mai 1993 bis 29. Mai 1993 im Landratsamt Esslingen vom 8. Oktober 1993 bis 5. November 1993 im Kunstverein Singen. Städtisches Kunstmuseum Singen/Hohentwiel. Esslingen 1993
Grieshaber, HAP. Texte und Bestandskatalog von Petra von Olschowski. Mit Beiträgen von Margot Fürst, Ulrike Gauss, Andreas Schalhorn. Bibliographie von Gerhard Fichtner. Staatsgalerie Stuttgart 24.7.–17.10.1999. Graphische Sammlung.

Grieshaber, Ricca – Interview:
Gesprächsprotokoll mit Ricca Grieshaber vom 06.02.2006 auf der Achalm in Eningen. Archiv Iris-Margarethe Rall-Lorenz
Gesprächsprotokoll mit Ricca Grieshaber vom 22.05.2006 auf der Achalm in Eningen. Archiv Iris-Margarethe Rall-Lorenz
Gesprächsprotokoll mit Ricca Grieshaber vom 27.07.2006 auf der Achalm in Eningen. Archiv Iris-Margarethe Rall-Lorenz

Hannsmann, Margarete – Bücher:
Hannsmann, Margarete: Maquis im Nirgendwo. Gedichte. Darmstadt 1966
Hannsmann, Margarete: Zerbrich die Sonnenschaufel. Gedichte. Stuttgart 1966
Hannsmann, Margarete: Drei Tage in C. Roman. München 1964
Hannsmann, Margarete: Pfauenschrei. Die Jahre mit HAP Grieshaber. München und Hamburg 1986
Hannsmann, Margarete: Tagebuch meines Alterns. München 1998.
Hannsmann, Margarete: Aide-mémoire. Adresssiert an die Mitglieder des Freundeskreises HAP Grieshaber. Stuttgart 1992

Bibliographie

Hannsmann, Margarete – Aufsätze:
Hannsmann, Margarete: Der Alte vom Berg; in: Merian Stuttgart, Heft 5. 1982
Hannsmann, Margarete: Grieshabers musikalische Themen. Eine persönliche Erinnerung; in: HAP Grieshaber 1909–1981. Musik im Bild 1933–1981. Aquarelle, Gouachen, Zeichnungen, Holzschnitte und Lithografien. Eine Ausstellung des Kunstkreises Marbach am Neckar zum 80. Geburtstag 1989

Heck, Thomas Leon und Liebchen, Joachim: Reutlinger Künstlerlexikon. Reutlingen/Tübingen 1999

Hoffmeister, Johannes: Wörterbuch der philosophischen Begriffe. Hamburg 1955

Kober, Henning – Artikel:
Kober, Henning: Lena und ihre Schwestern. Artikel in der taz (die Tageszeitung) vom 12.4.2001
„Krankenmord im Nationalsozialismus": Historische Ausstellung der Gedenkstätte Grafeneck in Zusammenarbeit mit dem Stadtarchiv Reutlingen in der Rathaus-Eingangshalle. 12.10.05–3.12.05

Mayer, Rudolf – Interview:
Gesprächsprotokoll mit Rudolf Mayer, Dresden, am 04.07.2006. Archiv Iris-Margarethe Rall-Lorenz

Mayer, Rudolf – Bücher:
Mayer, Rudolf: Tagröte. Der junge Grieshaber und seine Freunde. Ostfildern 1998

Lutz, Bernd (Hrsg.): Metzlers Autorenlexikon. Stuttgart 1986

Peter Mieg Bulletin 13. Erstdruck im Katalog zur Gedächtnis-Ausstellung Marguerite Ammann, Kunsthalle Basel, 23.10.–21.11.1965

Poethen, Johannes: Episode mit Antifanta. Mit sechs Silberstiftzeichnungen von Hap Grieshaber, Stierstadt im Taunus. Verlag Eremi-

Bibliographie

tenpresse 1961–1962. 111 nummerierte sowie 39 unnummerierte Exemplare

Rall-Lorenz, Iris-Margarethe – Buch:
Rall-Lorenz, Iris-Margarethe: Im Augenblick der Gefahr – Grieshabers Umgang mit Geschichte als Schlüssel zum Werk. Tübingen 2000

Rall-Lorenz, Iris-Margarethe – Artikel:
Rall-Lorenz, Iris-Margarethe: Grieshaber und seine Frauen/Marguerite Ammann (10.9.03)/Lena Krieg (24.10.03)/Riccarda Gregor-Grieshaber (6.12.03)/Margarete Hannsmann (6.2.04)/Jutta Lüttke (30.3.04); 5-teilige Serie in: Reutlinger General-Anzeiger

Sachs, Hannelore; Badstübner, Ernst; Neumann, Helga: Erklärendes Wörterbuch zur Christlichen Kunst. Hanau o.J.

Schlichtenmaier, Harry – Interview:
Schlichtenmaier, Harry: Interview mit Iris-Margarethe Rall-Lorenz; in: Rall-Lorenz, Iris-Margarethe: GEA-Serie „Grieshaber und seine Frauen", Teil 2 vom 24.10.2003. Städtisches Archiv Reutlingen/Akte HAP Grieshaber/S2/Nr. 80

Warncke, Carsten-Peter: Pablo Picasso 1881–1973. Köln 1991

Kurzporträt der Autorin

Vita Iris-Margarethe Rall-Lorenz

Iris-Margarethe Rall-Lorenz, geboren 1965 in Reutlingen. 1984 Abitur am Johannes-Kepler-Gymnasium. 1991 Magisterabschluss in den Fächern Rhetorik, Kunsthistorik und Empirische Kulturwissenschaft an der Eberhard-Karls-Universität Tübingen. Studien unter anderem bei den Professoren Walter Jens und Hermann Bausinger. Thema der Examensarbeit: „Die Interdependenz von Wort und Bild am Beispiel des Künstlers HAP Grieshaber", erschienen 1993 in der Reihe „edition Anton Geiselhart" unter dem Titel „Wort und Bild als Paar".
Seit 1984 freiberufliche, journalistische Tätigkeit für Tageszeitungen und Fachjournale im Bereich Feuilleton. Zeitungshospitanzen in der Schweiz bei den Züricher Verlagen „Tages-Anzeiger", „anna-belle femina" und der „Schweizer Familie". Hospitanz beim Südwestfunk.
1998 Teilnehmerin der Landesliteraturtage Baden-Württemberg.
1991 Mitgliedschaft im Grieshaber-Freundeskreis.
1992 Stipendium der Landesgraduiertenförderung Baden-Württemberg zum Ziele der weiteren wissenschaftlichen Erforschung des Werkes von HAP Grieshaber.
1994 Gründung der Firma „artello Kunstkonzept": Betreuung von Künstlern und deren Werk mit Schwerpunkt Holzschnitt. Organisation von Ausstellungen. Einführungsreden. Unterstützung von Künstlern, die dem Werk Grieshabers nahestehen.
Im Jahr 2000 erscheint das zweite Buch: „Im Augenblick der Gefahr – Grieshabers Umgang mit Geschichte als Schlüssel zum Werk".
Iris-Margarethe Rall-Lorenz ist mit dem Metzinger Arzt Dr. Michael Lorenz verheiratet und hat zwei Söhne. In der Praxis finden immer wieder Grieshaber-Ausstellungen statt.

Christoph Irion · Hartmut Troebs (Hrsg.)

Lebens-Spuren

Menschen und ihre Geschichten
Reportagen aus 30 Jahren
Reutlinger General-Anzeiger

176 S., 15 ganzseitige S-W-Abbildungen, 16,5x21 cm, broschiert

ISBN-10: 3-88627-291-5

Nicht Meldungen und Meinungen machen guten Journalismus aus – Menschen und Menschliches sind es letztlich, die eine Nachricht in eine lesenswerte Geschichte verwandeln.
Meist geht es in diesem Buch um das Besondere im Alltäglichen, um Momentaufnahmen des Lebens in all seinen Fassetten. Die Helden des Alltags sind oft nicht prominent, auch rücken die Autoren meist nicht spektakuläre Themen in den Vordergrund. Es geht vielmehr um konzentrierte, sensible Beobachtung von „Lebensspuren", oft in schwierigen sozialen Milieus.
Der wichtigste Platz, den unsere Journalisten einnehmen, ist immer genau dort, wo das richtige Leben spielt – mitten unter Menschen.
So ist eine Sammlung entstanden aus zutiefst menschlichen Geschichten, die amüsieren, verblüffen, bewegen und nachdenklich stimmen.

Oertel+Spörer
Verlags-GmbH + Co. KG
Postfach 16 42
72706 Reutlingen
www.oertel-spoerer.de